P.Triegel (Fleischermeisterin)

DUTCH OVEN Backbuch

… von herzhaft-pikant bis süß.

Mit 66 Rezepten und

167 Farbfotos.

Impressum

Autorin:	Peggy Triegel
Text und Rezepte:	Peggy Triegel
Herausgeber:	Peggy Triegel - Verlag Bauernende 5 39164 Wanzleben Tel.: 0178 - 1810398 E-mail: triegel-verlag@gmx.de
Satz und Gestaltung:	Katja von Roschinsky
Druck:	Druck / KOPA druckerei-kopa.de
ISBN:	978-3-9818777-0-0

Ausgabe 2017

1. Auflage

P.Triegel (Fleischermeisterin)

DUTCH OVEN
Backbuch

mit 66 Rezepten und 167 Farbfotos

Über die Autorin

Peggy Triegel wurde 1973 in Magdeburg geboren, wuchs bei ihren Großeltern auf und lebt heute auf einem kleinen Bauernhof in der Börde.

Das Wursten hat in ihrer Familie eine lange Tradition, denn schon ihr Urgroßvater und Großvater züchteten im Zuge der Selbstversorgung Schweine und Kaninchen, die sie dann zu Fleisch, Wurst und Schinken weiterverarbeiteten.

Dadurch wurde auch bei ihr schon frühzeitig das Interesse an der Fleischerei geweckt und bereits im Alter von 10 Jahren stellte sie unter Aufsicht des Großvaters ihre erste Bratwurst und ihren ersten geräucherten Schinken her.

Später machte sie ihr Hobby zum Beruf und ist mittlerweile seit über 25 Jahren im Fleischerhandwerk tätig.

Ihre Meisterprüfung legte sie im bayerischen Landshut ab und studierte danach Betriebswirtschaft.

In Zusammenarbeit mit K.v.Roschinsky schrieb Peggy Triegel bisher 23 Broschüren sowie 5 Bücher zum Thema Wurstherstellung und Catering.

VORWORT

Das der Dutch Oven als Kochutensil immer beliebter wird liegt wohl hauptsächlich daran, dass immer mehr Menschen mit dem „Outdoor Cooking“, also dem Kochen in der Natur, ein gewisses Gefühl von Freiheit verbinden.

Für die einen steht dabei der willkommene Ausgleich zum alltäglichen Stress im Vordergrund, für andere wiederum bedeutet es Abenteuer und Romantik.

Ich persönlich verbinde damit einfach nur **richtig gutes Essen** vom offenen Feuer in der freien Natur.

Da ich berufsbedingt und auch privat immer auf der Suche nach individuellen Zubereitungsmöglichkeiten von Fleisch und anderen Speisen bin, begann ich vor gut acht Jahren mich mit dem Thema Dutch Oven zu befassen.

Anfänglich faszinierte mich am meisten daran, dass man mit nur einem Gerät Schmoren, Garen, Kochen, Braten, Frittieren und sogar Backen kann.

Und das über dem Lagerfeuer, in einer Feuerschale, auf dem Grillrost oder sogar direkt auf dem Glutbett.

Nachdem ich nun die verschiedensten Vor-, Haupt- und Nachspeisen im Dutch Oven zubereitet und diese Rezepte dabei immer mehr perfektioniert habe, bin ich von diesem schwarzen, gusseisernen „Alleskönner“ einfach nur noch begeistert.

Wenn auch Sie zu denen gehören, die gerne mal dem Alltag entfliehen und ihre Kraftreserven beim entspannten Kochen in der freien Natur auftanken, möchte ich meine Begeisterung für den Dutch Oven gerne mit Ihnen teilen.

In meinem Buch finden Sie alle Grundlagen, Hinweise, Rezepte sowie Kniffe und Tricks zu diesem Thema.

Ich wünsche Ihnen eine allzeit schmackhafte Zubereitung in Ihrem Dutch Oven!

Peggy Triegel

INHALT

INHALT

INHALT

INHALT

INHALT

INHALT

DER DUTCH OVEN

Ein Dutch Oven ist ein dickwandiger Kochtopf aus massivem Gusseisen und einem fest verschließbaren Deckel, mit dem man über offenen Feuerstellen schmoren, kochen, backen, braten und frittieren kann.

Seinen Namen verdankt er den Holländern, deren Gusseisenproduktion bereits im 17. Jahrhundert qualitativ hochwertiger war als die der übrigen Nachbarländer. Deshalb waren gerade aus diesem Material bestehende Gefäße als Exportgut sehr gefragt.

Im 18.Jahrhundert gelangte dann dieses praktische Kochutensil durch europäische Einwanderer im Zuge der Besiedelung des nordamerikanischen Westens in die spätere USA. Da es dort, im Gegensatz zu Europa, fast keine geschlossenen Feuerstellen gab, war dieser Topf für die Siedler und Kolonisten ein unentbehrliches Hilfsmittel für die Speisenzubereitung. Von ihnen bekam er dann auch herkunftsbedingt den Namen **Dutch Oven**, was übersetzt „Holländischer Ofen“ bedeutet.

Heute wird der Dutch Oven vor allem beim Freizeitkochen im Outdoorbereich eingesetzt, aber auch in Verbindung mit einem Elektroherd oder Backofen als Heizquelle.

Seine Anhänger schätzen dabei besonders den unverwechselbaren Geschmack, den das darin zubereite Essen durch das unbehandelte Gusseisen erhält.

DIE FUNKTIONSWEISE DES DUTCH OVEN

Dutch Oven gibt es in unterschiedlichen Größen und Ausführungen. Um eine optimale Verteilung der Temperatur im Topfinneren zu gewährleisten, werden sie sowohl von unten als auch von oben beheizt.

Damit sie direkt in die Glut gestellt werden können und dabei nicht umkippen, sind die meisten Modelle mit drei Füßen ausgestattet. Auch das Übereineinaderstapeln mehrerer Dutch Oven zur gleichzeitigen Zubereitung unterschiedlicher Speisen ist dadurch möglich.

Alternativ können Dutch Oven durch einen an beiden Seiten befestigten Henkel und mithilfe eines klassischen Dreibeins auch über einer Feuerstelle aufgehängt werden

Um sie auch von oben zu beheizen, wurden ihre fest verschließbaren Deckel mit einem erhöhten Rand versehen, auf den glühende Grillbriketts gelegt werden können. Wird der Deckel nicht zu diesem Zweck oder zum Abdecken des Topfes benötigt, kann man ihn auch als Pfanne benutzen. Dafür wird er einfach umgedreht, auf ein Metallgestell gelegt und in die Glut gestellt. Einige Dutch Oven - Hersteller machen den Einsatz eines Metallgestells überflüssig, indem sie zusätzlich kleine Füße an der Deckeloberfläche angebracht haben.

Dutch Oven werden durch die Dicke des Gusseisens nur sehr langsam erhitzt. Haben sie dann aber die optimale Temperatur erreicht, speichern sie diese über einen längeren Zeitraum. Danach muss man sie nur noch wenig beheizen, um die Speisen schonend und gleichmäßig zu garen.

ÜBERLEGUNGEN VOR DEM KAUF

Wer sich einen Dutch Oven anschaffen möchte, sollte sich vorher gründlich mit diesem Thema befassen.

Als erstes muss entschieden werden, welche Form und Größe der Topf haben soll.

In flacheren Dutch Oven verteilt sich die Hitze besser zur Topfmitte als bei den tieferen Ausführungen. Deshalb sind sie geeigneter für Speisen, deren Zubereitung höhere Temperaturen erfordern.

Demzufolge kommen tiefere Dutch Oven dann zum Einsatz, wenn Speisen mit niedrigen Temperaturen zubereitet werden müssen.
Auch für das Backen von Brot, Brötchen oder Kuchen sind sie den flacheren Modellen vorzuziehen, da die hierfür erforderliche Oberhitze durch die Höhe des Topfes besser regulierbar ist.

Wenn man sich für einen flachen oder tiefen Dutch Oven entschieden hat, muss die richtige Größe entsprechend der zu bekochenden Personenanzahl gewählt werden. Für den Anfang sind meiner Erfahrung nach Töpfe für 4 - 6 Personen bestens geeignet.

Um minderwertige Billigangebote von vornherein auszuschließen, ist dann ein genauer Preisvergleich empfehlenswert.
Denn gerade beim Kauf eines Dutch Oven gilt: **Qualität hat seinen Preis!**

Ist der neu erworbene Dutch Oven dann endlich angekommen, sollte er vor der ersten Benutzung unbedingt auf seine Beschaffenheit geprüft werden.

Die nachfolgende Checkliste hilft Ihnen dabei:

- **Weist das Material überall eine gleichmäßige Dicke auf?**
- **Befinden sich keine scharfkantige Stellen am Topf?**
- **Sind die Füße sowie die seitlichen Henkel nicht zu dünn und sicher am Topf befestigt?**
- **Liegt der Deckel genau auf dem Topf auf?**
- **Hängt der Dutch Oven gerade, wenn man ihn am oberen Henkel hochhebt?**

Lassen sich diese Fragen allesamt mit **Ja** beantworten, steht dem Einsatz Ihres ersten eigenen Dutch Oven nichts mehr im Weg!

DUTCH OVEN GRÖSSEN

Die Größe eines Dutch Oven wird entweder in Zoll für den Durchmesser oder in Quart für das Fassungsvermögen angegeben.

Ein Zoll entspricht 2,54 cm und ein Quart 0,946 Liter.

Da die Größenangaben, die sich meist auf dem Deckel befinden, etwas verwirrend sein können, sollte man sich vor dem Kauf mit Hilfe der Angaben des Herstellers über das genaue Volumen des Topfes in Litern informieren.

Als Einsteigermodell würde ich einen flachen 12“ Dutch Oven empfehlen, da man in diesem Topf alle gängigen Speisen zubereiten kann und diese Gerichte problemlos für nur 4 Personen oder auch für 8 - 10 Personen ausreichend sind.

Hat man dann die nötige Erfahrung im Umgang mit dem Dutch Oven gesammelt und möchte eine größere Anzahl von Gästen bekochen, kann man auch auf die größeren Modelle umsteigen.

Nachfolgend sind die gängigen Größen aufgeführt:

Größe in Zoll	Größe in Quart	Volumen	Personenanzahl
6“	1,5 qt	1,6 Liter	1 - 2
8“	2 qt	2,0 Liter	2 - 3
10“	4 qt	4,0 Liter	4 - 6
10“ tief	5 qt	5,0 Liter	8 - 10
12“	6 qt	6,0 Liter	10 - 12
12“ tief	8 qt	8,0 Liter	12 - 16
14“	8 qt	8,0 Liter	16 - 20
14“ tief	10 qt	10 Liter	22 - 28
16“	12 qt	12 Liter	30 - 36

DUTCH OVEN IN VERSCHIEDENEN GRÖSSEN

Dutch Oven 10“

Dutch Oven 12“

Dutch Oven 14“

DAS EINBRENNEN

In Töpfen aus unbehandeltem Gusseisen würden Speisen bei der Zubereitung sehr schnell anbrennen.

Deshalb muss ein Dutch Oven vor dem ersten Gebrauch durch das sogenannte „Einbrennen“ mit einer Schutzschicht versehen werden.

Hierfür säubert man ihn zunächst mit heißem Wasser und einer Spülbürste.

Danach wird er mit einem Tuch abgerieben, noch 5 Minuten an der Luft nachgetrocknet und innen und außen dünn mit Speiseöl eingerieben.

Am gleichmäßigsten lässt sich das Öl mit einem kleinen Schwamm verteilen!

Anschließend stellt man den Dutch Oven mit der Öffnung nach unten auf den Rost eines ausreichend großen sowie gut vorgeheizten Kugelgrills und lässt ihn dort ca. 90 Minuten einbrennen. Der Deckel wird dabei entweder neben den Topf oder bei Platzmangel auf die Füße des Topfes gelegt.

Während des Einbrennvorgangs verschließt das dünnflüssig gewordene Speiseöl die sich durch die Hitzeeinwirkung geweiteten Poren des Gusseisens und bildet dadurch eine Schutzschicht, die einer Anti-Haft-Beschichtung ähnlich ist..

Neben dem Anbrennen der Speisen verhindert diese Schutzschicht auch das Rosten des für Korrosion sehr anfälligen Gusseisens.

Steht kein Kugelgrill zur Verfügung, kann das Einbrennen ebenso im Backofen auf höchster Temperaturstufe erfolgen. Dabei ist aber unbedingt für eine gute Belüftung zu sorgen, da es zu einer recht starken Rauchentwicklung kommen kann.

Diejenigen unter Ihnen, denen die Prozedur des Einbrennens zu aufwendig ist, sollten sich einen von Herstellerseite bereits vollständig eingebrannten Dutch Oven anschaffen.

Im Gegensatz zu einem unbehandelten Dutch Oven ist er optisch an seiner deutlich dunkleren Farbe zu erkennen.

DAS EINBRENNEN

VERSCHIEDENE FEUERSTELLEN

Dutch Oven werden direkt in die Glut gestellt oder mithilfe eines Dreibeins über einem offenen Feuer aufgehängt.

Dabei kann eine Feuerschale, ein sehr stabiler Grill, eine selbstgebaute Feuerstelle oder ein klassisches Lagefeuer zum Einsatz kommen.

Der Kreativität sind keine Grenzen gesetzt!

Zu beachten ist, dass der Untergrund wegen des hohen Gewichts des Topfes fest und eben sein muss.

Als Umrandung für selbstgebaute Feuerstellen eignen sich am besten Bruch-, Pflaster- und Ziegelsteine, da sie bei schnellen Temperaturveränderungen nicht reißen, platzen oder splittern.

Die Feuerstelle sollte ein Mindestmaß von 50cm x 50cm haben und sich nicht in der Nähe von leicht entzündbarem Material befinden.

VERSCHIEDENE FEUERSTELLEN

DEN DUTCH OVEN BEHEIZEN

Es gibt mehrere Möglichkeiten einen Dutch Oven zu beheizen.

Neben Holz und Holzkohle kann auch ein Gasgrill oder Backofen als Heizquelle dienen.

Am günstigsten ist jedoch die Verwendung von Grillbriketts, da sie sich am einfachsten dosieren lassen, eine gleichmäßigere Hitze abgeben als Holz und deutlich länger brennen als Holzkohle.

Beim Kauf ist auch hier auf Qualität zu achten, da billige Briketts schneller auseinanderbrechen und dann für die gesamte Speisenzubereitung eine größere Menge benötigt wird.

Hochwertige Brikettsorten geben ca. 2 Stunden eine konstante Hitze ab.

VORBEREITEN DER BRIKETTS IM ANZÜNDKAMIN

Am einfachsten und schnellsten kann man Grillbriketts im Anzündkamin für ihren Einsatz vorbereiten.

Hierfür gibt man 2 - 3 Stück Grillanzünder auf den Boden des Kamins, legt die benötigte Menge Briketts darauf und zündet sie von unten mit einem Stabfeuerzeug oder Kartuschenbrenner an.

Nach ca. 20 Minuten sind die Grillbriketts dann durchgeglüht und können auf bzw. unter dem Dutch Oven platziert werden.

Da der Anzündkamin während des Durchglühens der Briketts sehr heiß wird, sollte er dabei auf einen Grill, eine Feuerschale oder sonstige feuerfeste Unterlage gestellt werden.

Wenn kein Anzündkamin vorhanden ist, können die Briketts natürlich auch auf einem Grill, in einer Feuerschale oder direkt im Feuer durchglühen.

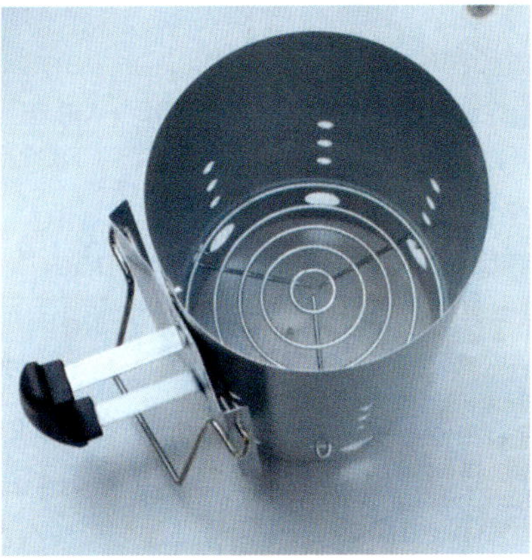

DIE TEMPERATUR REGELN

Die Menge der benötigten Grillbriketts hängt davon ab, mit welcher Temperatur die Speisen im Dutch Oven zubereitet werden sollen, welche Außentemperatur herrscht und welche Qualität und Größe die Grillbriketts haben.

Ganz wichtig ist es, den Topf windgeschützt zu platzieren. Dadurch wird das stärkere Entfachen und schnellere Verglühen der Briketts verhindert!

Beim Vorliegen optimaler Bedingungen kann man die benötigten Briketts nach folgender Faustformel grob berechnen:

Um ca.170°C zu erreichen, verdoppelt man ganz einfach den Durchmesser des Topfes in Zoll. Somit sind bei einem 10“- Dutch Oven **20 Grillbriketts** und bei einem 12“- Dutch Oven **24 Grillbriketts** erforderlich.

Sollen niedrigere oder höhere Temperaturen erzielt werden, benötigt man folgende Anzahl an Briketts:

DO in Zoll	145°C	160°C	175°C	190°C	205°C	220°C	235°C
8“	14 Stück	15 Stück	16 Stück	17 Stück	18 Stück	19 Stück	20 Stück
10“	18 Stück	19 Stück	21 Stück	23 Stück	25 Stück	27 Stück	29 Stück
12“	21 Stück	23 Stück	25 Stück	27 Stück	29 Stück	31 Stück	33 Stück
14“	27 Stück	30 Stück	32 Stück	34 Stück	36 Stück	38 Stück	40 Stück
16“	31 Stück	34 Stück	36 Stück	38 Stück	40 Stück	42 Stück	44 Stück

Die Verteilung der durchgeglühten Briketts auf und unter dem Topf richtet sich danach, ob mehr Ober- oder Unterhitze für die Zubereitung der Speisen benötigt wird.

Folgende Regel hat sich dabei bestens bewährt:

- Kochen von Suppen und Eintöpfen:
  1/3 der Briketts auf den Deckel und 2/3 unter den Dutch Oven legen
- Backen von Kuchen und Brot:
  2/3 der Briketts auf den Deckel und 1/3 unter den Dutch Oven legen
- Schmoren und Braten von Fleisch und Gemüse:
  1/2 der Briketts auf den Deckel und 1/2 unter den Dutch Oven legen

DIE REINIGUNG

Nach jeder Essenszubereitung muss der Dutch Oven samt Deckel gereinigt werden.

Hierfür sind zunächst alle Essensreste aus dem Topf zu entfernen.
Sollten sie schon angetrocknet sein, stellt man ihn einfach mit etwas heißem Wasser gefüllt nochmals für 10 Minuten auf die Feuerstelle.
Danach kann man die Reste mit Hilfe eines Holz- oder Kunststoffschabers vorsichtig herauskratzen. Für sehr hartnäckige Verkrustungen empfiehlt sich der vorsichtige Einsatz eines Ringreinigers aus Edelstahl.

Anschließend säubert man den Dutch Oven mit heißem Wasser und einer Spülbürste.

Auf keinen Fall darf dabei Spülmittel verwendet werden, da es die Schutzschicht des Topfes angreift und das später darin zubereitete Essen den Spülmittelgeschmack annimmt.

Auch das Einfüllen von kaltem Wasser in einen noch heißen Topf ist unbedingt zu vermeiden, da das Gusseisen sonst brechen kann.

Nach dem Säubern wird der Dutch Oven mit einem Tuch abgerieben, noch 5 Minuten an der Luft nachgetrocknet und innen und außen dünn mit Speiseöl eingerieben. Am gleichmäßigsten lässt sich das Öl mit einem kleinen Schwamm verteilen!

Nun ist er bereit für die Lagerung!

DIE LAGERUNG

Ein Dutch Oven muss immer trocken gelagert werden, damit er nicht anfängt zu rosten.

Um eine Luftzirkulation im Topf zu gewährleisten, sollte der Deckel während der Lagerung niemals dicht auf dem Topf aufliegen. Andernfalls würde das Speiseöl nach ein paar Tagen ranzig werden, in die Poren des Gusseisens eindringen und bei der nächsten Benutzung des Topfes für einen säuerlichen Geschmack der Speisen sorgen.

Es ist ratsam, zwischen den Deckel und dem Topf ein zusammengelegtes Geschirrhandtuch oder einige Lagen Küchenpapier zu klemmen.

Wird das Speiseöl trotzdem einmal ranzig, muss der Dutch Oven nochmals gesäubert und dann neu eingebrannt werden!

DUTCH OVEN ZUBEHÖR

Mit Hilfe des **Dreibeins** kann der Dutch Oven direkt über einer offenen Feuerstelle aufgehängt werden. Durch die verstellbare Kettenlänge lässt sich die Höhe des aufgehängten Topfes und somit auch die Wärmezufuhr regulieren.

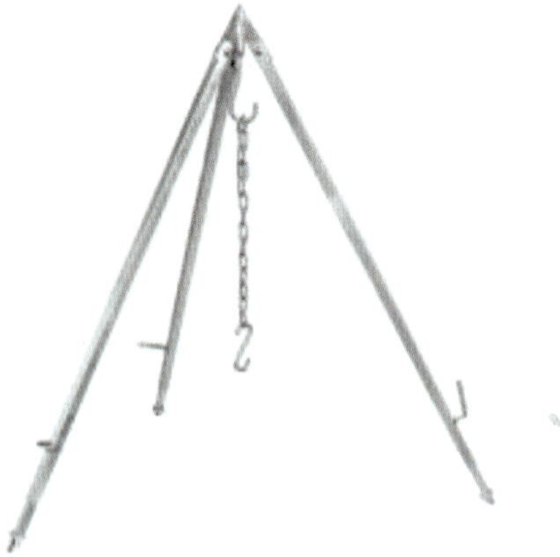

Eine **Feuerschale** kann zum durchglühen der Grillbriketts oder als feuerfeste Unterlage für den Anzündkamin bzw. Dutch Oven genutzt werden.

DUTCH OVEN ZUBEHÖR

Ein **Deckelheber** wird benötigt, um den heißen Deckel vom Dutch Oven abheben zu können. Er wird einfach unter den Deckelgriff geklemmt und der Deckel lässt sich problemlos abnehmen.

Der Deckel des Dutch Oven kann als Pfanne genutzt werden, indem man ihn einfach umdreht, auf den **Deckelständer** legt und in die Glut stellt.

Mit **dem Gussrosteinsatz** wird ein Zwischenraum zum Boden des Dutch Oven geschaffen, der zusätzlich das Anbrennen von Speisen während der Zubereitung verhindert.

DUTCH OVEN ZUBEHÖR

Um den heißen Dutch Oven abzustellen ohne dabei Brandflecken zu verursachen, kann ein **Untersetzer** aus Stahl benutzt werden.

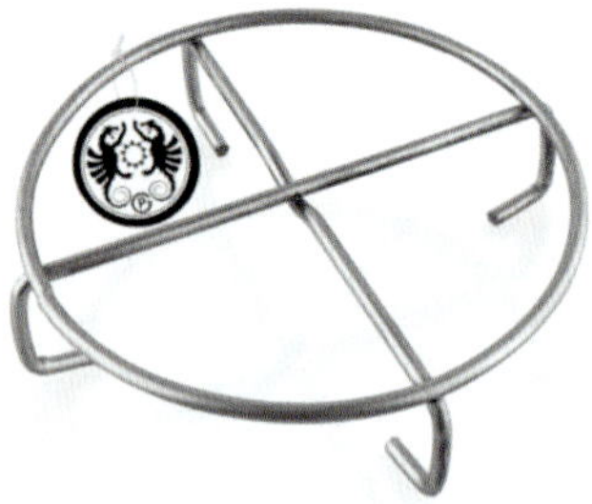

Mit **Handschuhen** aus feuer- und rutschfestem Material lässt sich der heiße Dutch Oven sicher tragen.

DUTCH OVEN ZUBEHÖR

Mit einem **Koch- oder Bratenthermometer** kann man die Temperatur im Dutch kontrollieren, ohne den Deckel anzuheben. Von Herstellerseite muss dafür aber eine spezielle Durchführung für das Thermometer vorgesehen sein. Weiterhin lässt sich mit einem solchen Thermometer ganz bequem die Kerntemperatur von größeren Fleischstücken messen, indem man es dort bis zur Mitte hinein sticht.

Um einen Dutch Oven handlich und komfortabel zu transportieren, bieten einige Hersteller spezielle **Transporttaschen** an.

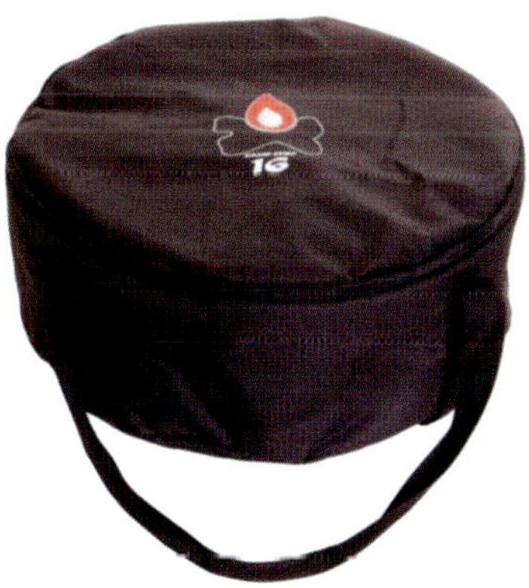

DUTCH OVEN ZUBEHÖR

Ein **Pfannenwender** wird benötigt um Fleisch und Gemüse während des Bratens zu wenden. Am besten eignen sich Pfannenwender aus biegsamen Edelstahl

Mit Hilfe eines **Reinigungsschabers** aus Kunststoff oder Holz kann man Essensreste vorsichtig aus dem Dutch Oven herauskratzen.

Ein **Ringreiniger** aus Edelstahl wird benötigt, um hartnäckige Verkrustungen vorsichtig aus dem Dutch Oven zu entfernen.

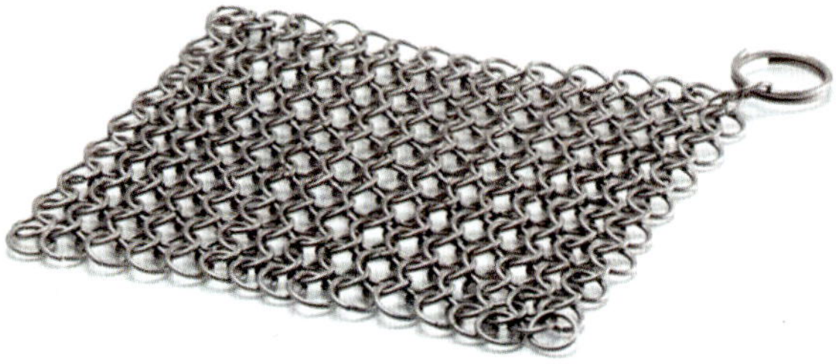

DUTCH OVEN ZUBEHÖR

Feuerpfannen können direkt in die Glut gestellt werden oder mit Hilfe eines Metallgestells etwas erhöhter stehen.

DUTCH OVEN ZUBEHÖR

In einem **rechteckigen Bräter** aus Gusseisen lassen sich verschiedene Braten oder ganze Geflügel über offenem Feuer zubereiten. Auch er kann direkt in die Glut gestellt werden.

Eine gusseiserne **Kastenform** eignet sich besonders für die Zubereitung von Aufläufen und zum Backen von Brot in offenen Feuerstellen.

DUTCH OVEN ZUBEHÖR

Beim Outdoor - Cooking ebenfalls sehr beliebt sind **Feuerkannen** in verschiedenen Ausführungen, die man entweder direkt in die Glut oder etwas erhöht auf den Untersetzer aus Stahl stellen kann. So kann man auch in der freien Natur schnell und einfach Wasser erhitzen oder Kaffee kochen.

BACKEN IM DUTCH OVEN

Neben dem Schmoren und Kochen ist das Backen im Dutch Oven eine der interessantesten und leckersten Zubereitungsmethoden für bekannte und ausgefallene Gerichte.

Hierbei sorgt die sehr gute Wärmeleitfähigkeit des Gusseisens für eine ideale Hitzeverteilung im Dutch Oven, denn gerade beim Backen ist die konstante Beibehaltung einer gleichmäßigen Temperatur enorm wichtig.

Aber auch eine für die Zubereitung mancher Backwaren benötigte höhere Ober- oder Unterhitze, ist durch die unterschiedliche Verteilung der durchgeglühten Briketts auf und unter dem Topf regulierbar.

Somit ist nicht nur das Backen von Klassikern wie Brot und Brötchen im Dutch Oven möglich, sondern auch die Zubereitung von Kuchen, Pizza und Pies.

Und sollten schlechte Wetterbedingungen den Outdooreinsatz des Dutch Ovens unmöglich machen, kann man ihn auch in den Backofen stellen.

Egal, ob sein Einsatz drinnen oder draußen erfolgt, der unverwechselbare Geschmack der darin zubereiteten Backwaren ist garantiert.

GEWÜRZE ALLGEMEIN

Gewürze sind frische oder getrocknete Pflanzenteile, durch deren Zugabe gekochte Speisen ihren typischen Geschmack und Geruch erhalten.

Sie wirken durch die in ihnen enthaltenen ätherischen Öle oder scharf schmeckenden Bitterstoffe.

In der richtigen Dosierung erhöhen Gewürze auch die Haltbarkeit von gebackenen Speisen, regen den Appetit an und tragen zu einer besseren Verdauung bei.

Die meisten Gewürze werden Backwaren in gemahlener Form beigemengt.

Durch die Verwendung von ganzen, gerebelten oder grob geschroteten Gewürzen soll zusätzlich auch das Aussehen fertiger Backwaren positiv beeinflusst und verbessert werden.

VERWENDUNG VON GEWÜRZEN

Damit Gewürze ihr volles Aroma entfalten können, sollte man sie möglichst im Ganzen kaufen und erst kurz vor dem Gebrauch mahlen.

Um der Bildung von Keimen vorzubeugen ist es empfehlenswert, sie nur mit kleineren Gewürzschaufeln und niemals direkt per Hand zu entnehmen.

Zur Erhaltung des Aromas ist darauf zu achten, die Gewürzbehälter sofort nach der Gewürzentnahme wieder zu verschließen.

Beim Backen von zeitintensiveren Backwaren sollte man ganze Gewürze sehr gut im Teig einarbeiten, damit sie nicht direkt der Hitze ausgesetzt werden und verbrennen.

LAGERUNG

Es wird empfohlen, Gewürze folgendermaßen aufzubewahren:

- in dicht schließenden Behältern wie Dosen und Gläsern
- an einem kühlen und trockenen Ort
- dunkel und vor direktem Sonnenlicht geschützt

GEWÜRZE UND KRÄUTER FÜR DEFTIGE BACKWAREN

Basilikum hat einen leicht süßlich-pfeffrigen Geschmack.

Chilipulver schmeckt feurig scharf.

Ingwer hat einen brennend scharfen und dennoch würzigen Geschmack.

Kardamom schmeckt sehr würzig und etwas süßlich-brennend.

Der Geschmack von **Koriander** ist etwas süß, angenehm würzig und leicht scharf.

GEWÜRZE UND KRÄUTER FÜR DEFTIGE BACKWAREN

Kümmel hat einen aromatischen, leicht herben Geschmack.

Muskatnüsse schmecken leicht bitter und streng aromatisch.

Oregano hat einen kräftigen, aber dennoch fein-herben Geschmack.

Der Geschmack von **Paprika** variiert von leicht scharf und mild würzig (edelsüß) bis scharf würzig (rosenscharf).

Petersilie hat einen frischen und mildwürzigen Geschmack.

GEMÜSESORTEN FÜR DEFTIGE BACKWAREN

Tomaten gibt es in vielen Sorten, deren Geschmack von leicht-säuerlich, über süßlich-frisch bis zu aromatisch-fruchtig variiert.

Die bei deftigen Backwaren am häufigsten verwendeten **Zwiebelsorten** sind die Gemüsezwiebel und die rote Zwiebel.

Die Schale von Gemüsezwiebeln ist dunkelgelb bis hellbraun. Je nach Herkunft schmecken sie würzig mild oder scharf.

Rote Zwiebeln haben eine milde Schärfe und einen leicht süßlichen Geschmack.

fresh
BUNS
and
BREAD

GETREIDE

Getreide gehört zur Pflanzenart der Süßgräser und zählt zu den ältesten Nutzpflanzen der Welt.

Für eine ausgewogene menschliche Ernährung ist es unverzichtbar, weil es komplexe Kohlenhydrate, hochwertiges pflanzliches Eiweiß, zahlreiche B-Vitamine sowie verschiedene Mineral- und Ballaststoffe enthält.

Zu den Getreidearten gehören:
Weizen, Roggen, Gerste, Hafer, Hirse, Mais und Reis.

Das so genannte „Urgetreide“ als älteste Getreideart ist mit den heute angebauten Weizensorten verwandt. Unter anderem zählen Dinkel, Emmer und Einkorn dazu.

Hafer

Weizen

Gerste

Roggen

Hirse

Reis

Mais

Dinkel

DAS MAHLVERFAHREN

Getreidekörner bestehen aus der ballast- und mineralstoffreichen Schale, dem vitamin- und fettreichen Keimling sowie dem stärke- und glutenhaltigen Mehlkörper.

Wenn die Getreidekörner reif sind werden sie geerntet, gereinigt und vermahlen.

Je nachdem welche Bestandteile des Getreidekorns beim Mahlvorgang verarbeitet werden, fallen verschiedene Mahlprodukte mit unterschiedlicher Feinheit an:

- **Vollkornmehl** wird durch die Vermahlung ganzer Getreidekörner hergestellt.
- **Kleie** besteht fast ausschließlich aus den Schalenteilen und dem Keimling des Getreidekorns.
- **Schrot** entsteht durch die grobe Zerkleinerung ganzer Getreidekörner.
- Auch bei **Grieß** werden ganze Getreidekörner zerkleinert, er ist jedoch nicht so grob wie Schrot.
- **Dunst** ist feiner als Grieß und entsteht durch das Mahlen der Mehlkörper von Getreidekörnern.
- **Mehl** ist das Mahlprodukt mit dem höchsten Zerkleinerungsgrad. Hierbei werden die Mehlkörper der Getreidekörner fein pulvrig gemahlen.

MEHL

Auch wenn sich alle Getreidearten zu Mehl vermahlen lassen, unterscheiden sich die einzelnen Mehle durch ihren unterschiedlich hohen Gluten- und Stärkegehalt doch sehr in ihren Backeigenschaften.

Weizen-, Roggen- und Dinkelmehl besitzen durch ihren hohen Anteil an Stärke und dem Klebereiweiß Gluten eine so genannte „Eigenbackfähigkeit". Das bedeutet, dass allein durch das Anrühren des Mehls mit Wasser ein elastischer und zusammenhängender Teig entsteht, aus dem man einen Brotlaib herstellen kann. Deshalb werden diese drei Getreidearten auch als „Brotgetreide" bezeichnet.

Da die anderen Mehlarten nur wenig oder gar kein Klebereiweiß besitzen, lassen sie sich nur in Kombination mit Weizen-, Roggen- oder Dinkelmehl zu Brot verbacken.

Dasselbe gilt für die Herstellung von Brötchen, Kuchen, Plätzchen oder Keksen. Auch diese Backwaren lassen sich entweder aus dem Mehl der Brotgetreidearten oder in Verbindung mit ihnen zubereiten.

MEHLTYPEN

Mehle aus Brotgetreide werden in Deutschland in Mehltypen eingeteilt, die angeben, welche Kornbestandteile vermahlen wurden.

Bei den hellen Mehlen werden hauptsächlich die Mehlkörper verarbeitet und bei den dunkleren Sorten auch die Schalenteile und Keimlinge.

Die Typenbezeichnung gibt dabei an, wie viel Milligramm Mineralstoffe in 100g Mehl enthalten sind.
Beim Weizenmehl Type 405 liegt der durchschnittliche Mineralstoffgehalt somit bei ca. 405 Milligramm pro 100g Mehl.

Je höher die Typenzahl ist, desto mehr Kornbestandteile wurden vermahlen und umso höher ist der Mineralstoffgehalt des Mehls.

Vollkornmehle haben keine Typenbezeichnung, da sie aus dem ganzen Getreidekorn hergestellt werden und dadurch der volle Mineralstoffgehalt vorhanden ist.

VERWENDUNG DER MEHLE

Weizenmehl

- **Type 405** - sehr helles Weizenmehl für Kuchen, Torten, Hefeteig, Plätzchen und Kekse
- **Type 550** - für Weißbrot, Brötchen, Plätzchen, Hefeteig
- **Type 812** - dunkleres Weizenmehl für dunkle Weizen- und helle Mischbrote
- **Type 1050** - dunkles Weizenmehl für Weizenmischbrote und dunkle Weizenbrote
- **Type 1600** - sehr dunkles Weizenmehl für dunkle Weizenbrote und dunkle Mischbrote
- **Type 1700** - Weizenbackschrot für Vollkornbrote, Mischbrote, Brötchen, Kuchen und Plätzchen

Roggenmehl

- **Type 610** - helles Roggenmehl für Roggen- und Schmalzgebäck
- **Type 815** - für Roggen- und Mischbrote sowie Roggengebäck
- **Type 997** - für Graubrote, Mischbrote und Roggenbrötchen
- **Type 1150** - für Roggenmischbrote, Brötchen, Baguette und Kuchen
- **Type 1370** - dunkles Roggenmehl für Roggenbrote und Roggenmischbrote
- **Type 1740** - sehr dunkles Roggenmehl für Roggenbrote, Brötchen und Roggenmischbrote
- **Type 1800** - Roggenbackschrot für Vollkornbrote, Roggenmischbrote, Hefeteig und Plätzchen

Dinkelmehl

- **Type 630** - sehr helles Mehl für Brote, Brötchen, Kuchen und Kekse
- **Type 812** - dunkleres Mehl für Brote, Brötchen, Kuchen, Hefeteig
- **Type 1050** - dunkles Mehl für Dinkelbrote, Dinkelmischbrote und Kuchen

VERWENDUNG DER MEHLE

Gerstenmehl

Gerstenmehl hat einen sehr geringen Glutenanteil und lässt sich nur in Verbindung mit Weizen-, Roggen- oder Dinkelmehl zu Kuchen, Gebäck oder Brot verarbeiten. Brote aus Gerstenmehl haben einen rustikalen Geschmack.

Hafermehl

Hafermehl schmeckt leicht nussig und enthält kein Gluten. Gemischt mit glutenhaltigen Mehlen kann man daraus Brote, Kuchen und Kekse backen.

Hirsemehl

Hirsemehl enthält sehr wenig Gluten und hat einen milden, etwas süßlichen Geschmack. In Verbindung mit glutenhaltigen Mehlen kann man aus ihm Brot und Kekse herstellen.

Maismehl

Auch Maismehl enthält kein Gluten. Mit Weizenmehl gemischt lassen sich daraus Brote, Kuchen und Kekse herstellen. Diese Backwaren haben dann eine schöne goldgelbe Farbe und einen aromatischen Geschmack.

Reismehl

Aus dem ebenfalls glutenfreien Reismehl lassen sich in Verbindung mit glutenhaltigen Mehlen sehr helle Brote, Kuchen und Kekse backen.
Für eine glutenfreie Ernährung ist auch die Herstellung von Broten aus reinem Reismehl gemischt mit Backpulver oder Maismehl möglich. Allerdings sind diese Brote dann sehr trocken und haben eine brüchige Konsistenz.

DAS MEHLSIEBEN

Da Mehl früher oft durch Ungeziefer oder andere Fremdkörper verunreinigt war und es durch eine schlechtere Warenqualität sehr schnell verklumpte, musste es vor dem Backen immer gesiebt werden.

Dies ist heutzutage nicht mehr erforderlich, weil alle Mehlsorten bereits gesiebt aus der Mühle kommen.

Bei der Herstellung von Brot und Brötchen ist das nochmalige Sieben aber von Vorteil, da diese zusätzliche Sauerstoffaufnahme des Mehls die Verbindung des Glutens mit Flüssigkeit bei der Teigzubereitung begünstigt.

Natürlich kann Mehl auch für die Herstellung aller anderen Backwaren zuvor gesiebt werden - notwendig ist es aber nicht.

BROT- UND BRÖTCHENTEIG

Für die Herstellung von Brot oder Brötchen benötigt man Mehl, Wasser und Salz sowie Hefe oder Sauerteig als Backtriebmittel.

Aus diesen Zutaten wird dann durch Kneten ein Teig hergestellt, der vor dem Backen an einem warmen Ort „gehen“ muss.

BACKTRIEBMITTEL

Backtriebmittel bewirken in Verbindung mit Wärme und/oder Wasser die Einlagerung von Gasbläschen im Teig und die Vergrößerung seines Volumens.

Die Bläschen verfestigen sich dann beim späteren Backen und lockern ihn dadurch auf. Erkennbar sind sie als Poren im fertig gebackenen Brot oder Brötchen.

Bei Weizen- und Weizenmischteigen wird frische oder getrocknete Hefe als Backtriebmittel zugegeben. Die Hefepilze bilden bei Raumtemperatur aus den Zuckersubstanzen des Mehls Kohlendioxyd, das Bläschen entstehen lässt.

Für Roggen- und Roggenmischteige reicht Hefe allein als Backtriebmittel nicht aus, denn Roggenmehl enthält viel weniger Gluten als Weizenmehl.

Deshalb muss dem Roggenteig eine bestimmte Menge Sauerteig zugegeben werden, der aus Roggenmehl und Wasser hergestellt wird.

Bei der Gärung des Sauerteigs in warmer Umgebung entstehen Milchsäurebakterien und Hefepilze, die wiederum Gasbläschen bilden.

BROT UND BRÖTCHEN MIT HEFE

Damit der Brot- oder Brötchenteig mit Hefe gelingt, sollten alle benötigten Zutaten und auch das Backzubehör Zimmertemperatur haben.

Frische Hefe muss vor ihrer Verwendung zerkrümelt und zusammen mit etwas Zucker unter Rühren in lauwarmen Wasser aufgelöst werden. Dann gibt man das gesiebte Mehl in eine Schüssel, drückt in die Mitte eine Mulde, füllt die aufgelöste Hefe hinein und bedeckt die Mulde mit Mehl. Nach ca. 10 Minuten werden das restliche Wasser sowie das Salz zugegeben.

Bei der Verwendung von Trockenhefe vermischt man diese zuerst mit dem Mehl in einer Schüssel, streut das Salz und den Zucker darüber und gibt unter Rühren nach und nach die im Rezept angegebene Menge lauwarmes Wasser dazu.

Danach wird der Teig solange mit dem Knethagen des Handmixers durchgemengt, bis sich alle Zutaten gut miteinander verbunden haben.

Anschließend knetet man ihn ca. 5 Minuten kräftig per Hand durch. Nach dieser Zeit sollte er eine geschmeidige Konsistenz haben und sich leicht vom Schüsselrand lösen. Sollte dies nicht der Fall sein, muss noch etwas lauwarmes Wasser zugegeben werden.

Im Anschluss muss der Teig an einem ca. 30°C warmen Ort solange „gehen", bis sich sein Volumen in etwa verdoppelt hat. Dafür kann er an eine warme Heizung, auf ein Fensterbrett mit Sonneneinstrahlung oder in einen leicht vorgeheizten Backofen gestellt werden.

Um Zugluft und die Austrocknung des Teigs zu vermeiden, muss die Teigschüssel während dieser Zeit immer mit einem feuchten Tuch bedeckt sein.

Die „Gehzeit" des Teigs hängt stark von seiner Temperatur sowie der verwendeten Hefemenge ab und beträgt ca. 30 - 45 Minuten.

Danach knetet man den Teig nochmals kräftig durch, formt einen Brotlaib oder mehrere Brötchen daraus und lässt ihn weitere 15 Minuten an einem warmen Ort gehen. Um dem späteren Brot ein schönes Muster zu geben, kann er dafür auch in einen so genannten Gärkorb gepackt werden.

Anschließend wird der Brot- oder Brötchenteig gebacken.

Bei Brotteiglingen schneidet man die Oberfläche vorher ca. 2cm tief mit einem scharfen Messer ein und bestreicht sie vor dem Backen mit Wasser. Dadurch bleibt sie elastisch und die spätere Kruste erhält einen schönen Glanz.

Brötchenteiglinge werden mit Milch bestrichen, damit sie eine schöne goldgelbe Kruste bekommen.

SAUERTEIGHERSTELLUNG

Um Brote oder Brötchen mit Roggenmehl zu backen wird Sauerteig benötigt. Diesen kann man entweder selbst ansetzen oder als fertigen Natur- bzw. Trockensauerteig im Handel kaufen.

Das Ansetzen von Sauerteig erfolgt in 3 Schritten und ist etwas zeitintensiv:

Beim 1.Schritt füllt man 100g Roggenmehl und 100ml ca. 40°C warmes Wasser in eine Schüssel und verrührt beides gut. Dann wird die Schüssel mit Frischhaltefolie abgedeckt und mindestens 24 Stunden an einen ca. 25°C warmen Ort gestellt. Wenn der Ansatz säuerlich riecht, folgt der 2.Schritt.

Hierbei werden nochmals 100g Roggenmehl und 100ml ca. 40°C warmes Wasser in den Ansatz gerührt und die Schüssel abgedeckt für weitere 24 Stunden an einen ca. 25°C warmen Ort gestellt.

Nach Ablauf dieser Zeit sollte der Ansatz jetzt deutlich sauer riechen und blasig sein. Nun fügt man im 3.Schritt 200g Roggenmehl und 200ml ca. 40°C warmes Wasser dazu und verrührt alles gut. Nachdem die mit Frischhaltefolie abgedeckte Schüssel wieder 24 Stunden an einen ca. 25°C warmen Ort gestellt wurde, ist der Sauerteig gebrauchsfertig.

Insgesamt wurde eine Teigmenge von 800g hergestellt, die aber nicht komplett für die einzelnen Rezepte benötigt wird. Der restliche Sauerteig ist in einem sauberen, verschlossenen Schraubglas ca. eine Woche lang im Kühlschrank haltbar. Er dient dann als so genanntes „Anstellgut“, aus dem in Verbindung mit Roggenmehl und Wasser erneut Sauerteig hergestellt werden kann.

BROT UND BRÖTCHEN MIT SAUERTEIG

Für die Herstellung von Brot oder Brötchen mit Sauerteig werden zuerst das gesiebte Mehl mit dem Salz in einer ausreichend großen Schüssel vermischt. Dann drückt man in die Mitte eine Mulde und füllt den Sauerteig, etwas Zucker und lauwarmes Wasser hinein.

Danach wird der Teig mit dem Knethagen des Handmixers durchgemengt. Wenn sich alle Zutaten gut miteinander verbunden haben stellt man ihn abgedeckt 30 Minuten zum Ruhen an einen ca. 30°C warmen Ort.

Anschließend mengt man den Teig ca. 10 Minuten kräftig per Hand durch. Nach dieser Zeit sollte er eine geschmeidige Konsistenz haben und sich leicht vom Schüsselrand lösen. Sollte dies nicht der Fall sein, muss noch etwas lauwarmes Wasser zugegeben werden.

Im Anschluss muss der Teig an einem ca. 30°C warmen Ort solange „gehen“, bis sich sein Volumen in etwa verdoppelt hat. Dafür kann er an eine warme Heizung, auf ein Fensterbrett mit Sonneneinstrahlung oder in einen leicht vorgeheizten Backofen gestellt werden.

Um Zugluft und die Austrocknung des Teigs zu vermeiden, muss die Teigschüssel während dieser Zeit mit einem feuchten Geschirrtuch bedeckt sein.

Die „Gehzeit“ von Sauerteig ist länger als beim Hefeteig. Sie hängt stark davon ab, welche Triebkraft der angesetzte Sauerteig besitzt und kann zwischen 4 bis 12 Stunden betragen. Bei meinen Sauerteigbroten lasse ich den Teig immer über Nacht „gehen“ und hatte bisher stets ein sehr gutes Backergebnis.

Um die Dauer des „Gehens“ zu beschleunigen, kann dem Teig zusätzlich noch etwas Trockenhefe zugegeben werden.

Nachdem der Teig sein Volumen verdoppelt hat, wird er nochmals kräftig per Hand durchgeknetet.

Anschließend formt man entweder Brötchenteiglinge daraus oder packt ihn zur Formgebung in eine geölte Kastenform bzw. einen mit Mehl bestäubten Gärkorb.

Die Teiglinge müssen dann weitere 2 Stunden an einem ca. 30°C warmen Ort ruhen und werden danach gebacken.

BROTBACKEN IM DUTCH OVEN

Bevor der Brotteigling in den Dutch Oven gepackt wird, muss der Topf samt Deckel vorgeheizt werden.

Dafür legt man 8 durchgeglühte Grillbriketts kreisförmig unter einen zuvor mit Backpapier ausgeschlagenen 12“- Dutch Oven und 14 Briketts auf den Deckel.

Nach ca. 15 Minuten lässt man den Teigling langsam und vorsichtig in den Topf gleiten und bepinselt ihn mit lauwarmen Wasser.

Dann wird der Dutch Oven wieder mit dem brikettbelegten Deckel verschlossen und das Brot ca. 20 Minuten gebacken.

Danach muss die Backtemperatur reduziert werden, indem man drei Grillbriketts unter dem Dutch Oven und drei Briketts vom Deckel entfernt.

Die Gesamtbackzeit ist abhängig von der Außentemperatur, den Windverhältnissen sowie der Qualität der verwendeten Grillbriketts und beträgt ca. 45 bis 60 Minuten.

Um zu verhindern, dass das Brot an einzelnen Stellen zu dunkel wird, sollte der Deckel mit den Grillbriketts während dieser Zeit zweimal um 90 Grad gedreht werden.

Ob das Brot fertig gebacken ist lässt sich feststellen, indem man gegen seine Unterseite klopft. Klingt es dabei hohl, kann es zum Auskühlen aus dem Dutch Oven genommen werden. Ansonsten muss es noch etwas weiter backen.

BACKZUBEHÖR

In einer **Rühr- oder Teigschüssel** werden die Backzutaten vor- und der Teig zubereitet. Diese Schüsseln sind auch mit Spritzschutzdeckeln erhältlich, die mit einer Rühröffnung für den Schneebesen oder das Handmixgerät versehen sind.

Zum längeren Verrühren von Teig und flüssigen Backzutaten benötigt man ein auf unterschiedliche Geschwindigkeitsstufen einstellbares **Handmixgerät** mit abnehmbaren Knethaken und Schneebesen.

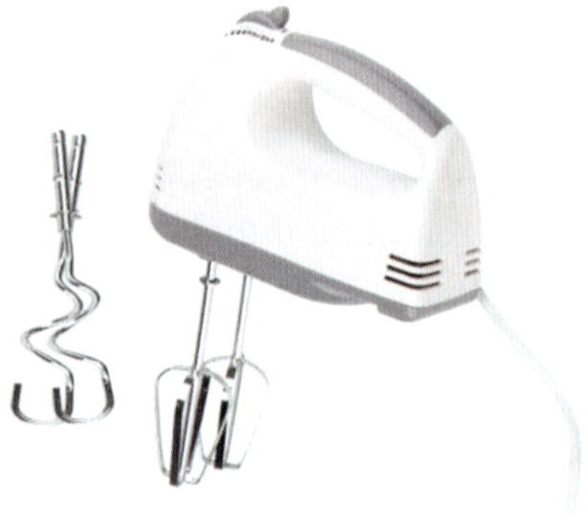

Mit einem **Holzlöffel** werden Backzutaten miteinander vermischt, verrührt oder empfindliche Zutaten untergehoben. Ein **Schneebesen** wird zum Aufschlagen und Rühren von flüssigen oder halbflüssigen Backzutaten benötigt.

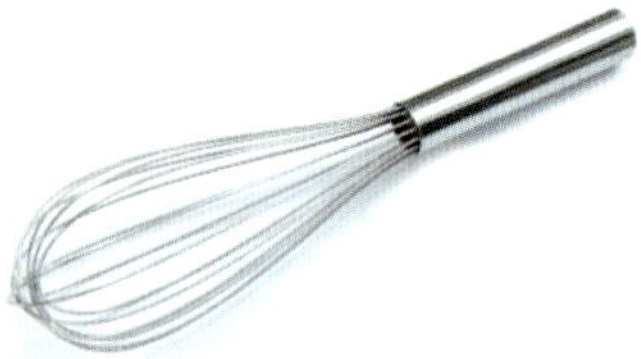

BACKZUBEHÖR

Eine **Küchenmaschine** mit integrierter Rührschüssel und aufsteckbaren Knethaken bzw. Schneebesen erleichtert das Vermischen von Backzutaten und das Kneten von Teig. Mit einem **Stabmixer** kann man Obst pürieren, Eiweiß aufschlagen und flüssige Backzutaten vermischen.

Zum Mehlsieben beim Brotbacken oder dem gleichmäßigen und feinen Bemehlen einer Arbeitsfläche verwendet man ein **Einhand - Mehlsieb**, das mit einem Drückmechanismus ausgestattet ist. Auch für das Bestreuen von Kuchen und Gebäck mit Puderzucker kann es benutzt werden.

BACKZUBEHÖR

Mit Hilfe eines **Teigschabers** kann man Rührschüsseln restlos entleeren, Teige in Backformen glatt streichen und zähflüssige Massen wie Cremes auf Kuchen oder Torten verteilen.
Ein **Teigteiler** dient zum Portionieren von Teiglingen für Brot und Brötchen.

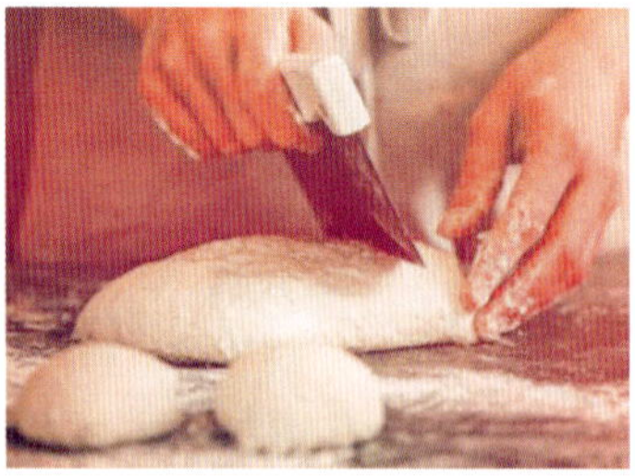

Zum gleichmäßigen Ausrollen von Teig benutzt man ein **Nudelholz**, das aus einem dickeren Rundstab mit zwei Griffen an den Seiten besteht.

Ein **Pinsel** wird zum Bestreichen von Backwaren mit Flüssigkeiten benutzt. Er sollte möglichst aus Silikon bestehen, weil dieses Material hitzebeständig ist und nicht haart.

BACKZUBEHÖR

In einen **Gärkorb** packt man den Brotteigt, damit er während des „Gehens“ stabilisiert wird und eine schöne Form erhält. Gärkörbe haben innen meistens Riefen, um dem späteren Brot außerdem ein ansprechendes Muster zu geben.
Sie bestehen aus Peddigrohr, Holzschliff oder Kunststoff und sind in unterschiedlichen Größen und Formen erhältlich.
Um ein Ankleben des Teiges beim späteren Herausnehmen zu vermeiden, muss der Korb vorher mit Mehl bestäubt werden.

KRUSTENBROT

Zutaten:

- 750 g Weizenmehl Type 550
- 100 g Roggenmehl Type 997
- 600 ml lauwarmes Wasser
- ¾ Würfel frische Hefe
- 1 EL weiche Butter
- 1 TL Salz
- ½ TL Zucker

Herstellung

Die frische Hefe zerkrümeln und zusammen mit dem Zucker unter Rühren in 150ml vom lauwarmen Wasser auflösen. Die beiden gesiebten Mehlsorten in eine Schüssel geben, in die Mitte eine Mulde drücken, die aufgelöste Hefemischung hineinfüllen und die Mulde mit Mehl bedecken.
Nach einer Ruhezeit von 10 Minuten werden die restlichen 450ml lauwarmes Wasser zugegeben und die Masse ca. 5 Minuten mit den Knethaken des Handmixers oder per Hand zu einem Teig verknetet. Dann fügt man das Salz und die weiche Butter zu und knetet den Teig nochmals ca. 5 Minuten per Hand durch. Danach sollte er eine geschmeidige Konsistenz haben und sich leicht vom Schüsselrand lösen. Wenn er zu flüssig ist muss noch etwas Mehl und falls er zu trocken ist, noch etwas Wasser zugegeben werden. Anschließend wird der Teig zu einer Kugel geformt, in eine eingeölte Schüssel gelegt und abgedeckt für ca. 1-2 Stunden zum „Gehen" an einen ca. 30°C warmen Ort gestellt.
Wenn sich sein Volumen in etwa verdoppelt hat knetet man den Teig auf einer mit Mehl bestreuten Arbeitsfläche nochmals kräftig durch, formt einen ovalen Brotlaib daraus, schneidet ihn in der Mitte ca. 1cm tief ein und lässt ihn weitere 15 Minuten ruhen. In dieser Zeit wird der Dutch Oven vorgeheizt.
Dafür legt man 8 durchgeglühte Grillbriketts kreisförmig unter einen zuvor mit Backpapier ausgeschlagenen 12"- Dutch Oven und 14 Briketts auf den Deckel.
Nach Ablauf der 15 Minuten lässt man den Krustenbrotteigling langsam und vorsichtig in den Topf gleiten und bepinselt ihn mit lauwarmem Wasser.
Dann wird der Dutch Oven wieder mit dem brikettbelegten Deckel verschlossen und das Brot ca. 20 Minuten gebacken. Danach muss die Backtemperatur reduziert werden, indem man drei Briketts unter dem Dutch Oven und drei Briketts vom Deckel entfernt. Die Gesamtbackzeit ist abhängig von der Außentemperatur, den Windverhältnissen sowie der Qualität der verwendeten Briketts und beträgt ca. 60 Minuten. Um zu verhindern, dass das Brot punktuell zu dunkel wird, sollte der Deckel mit den Grillbriketts während dieser Zeit zweimal um 90 Grad gedreht werden.
Das Brot ist fertig gebacken, wenn es beim Klopfen gegen seine Unterseite hohl klingt. Dann kann es zum Auskühlen aus dem Dutch Oven genommen werden.

Mehl sieben, den Teig kneten…

…und „gehen“ lassen.

Den Teig nochmals durchkneten.

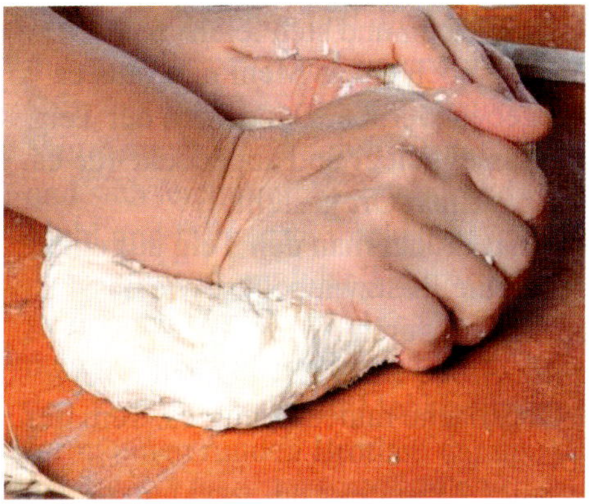

Dutch Oven 15 Minuten vorheizen.

Den Teigling hinein packen…

…und ca. 60 Minuten backen.

DINKELBROT MIT WALLNÜSSEN

Zutaten:

- 800 g Dinkelvollkornmehl
- 200 g Wallnüsse, zerkleinert
- 700 ml lauwarmes Wasser
- 1 Würfel frische Hefe
- 1 EL weiche Butter
- 1 EL Akazienhonig
- 1 ½ TL Salz
- ½ TL Zucker

Herstellung

Die frische Hefe zerkrümeln und zusammen mit dem Zucker unter Rühren in 150ml vom lauwarmen Wasser auflösen. Das gesiebte Mehl in eine Schüssel geben, in die Mitte eine Mulde drücken, die aufgelöste Hefemischung hineinfüllen und die Mulde mit Mehl bedecken.
Nach einer Ruhezeit von 10 Minuten werden die restlichen 550ml lauwarmes Wasser zugegeben und die Masse solange mit dem Knethagen des Handmixers durchgemengt, bis sich alle Zutaten gut miteinander verbunden haben.
Dann fügt man die Butter, den Honig, das Salz sowie 150g Walnüsse zu und knetet den Teig nochmals ca. 5 Minuten per Hand durch. Danach sollte er eine geschmeidige Konsistenz haben und sich leicht vom Schüsselrand lösen. Wenn er zu flüssig ist muss noch etwas Mehl und falls er zu trocken ist, noch etwas Wasser zugegeben werden. Dann wird der Teig zu einer Kugel geformt, in eine eingeölte Schüssel gelegt und abgedeckt für ca. 1 Stunde zum „Gehen“ an einen ca. 30°C warmen Ort gestellt. Wenn sich sein Volumen in etwa verdoppelt hat knetet man den Teig auf einer mit Mehl bestreuten Arbeitsfläche nochmals kräftig durch, formt einen runden Brotlaib daraus, verteilt die restlichen Nüsse darauf und lässt ihn weitere 15 Minuten ruhen. In dieser Zeit wird der Dutch Oven vorgeheizt. Dafür legt man 8 durchgeglühte Grillbriketts kreisförmig unter einen zuvor mit Backpapier ausgeschlagenen 12“- Dutch Oven und 14 Briketts auf den Deckel. Nach Ablauf der 15 Minuten lässt man den Brotteigling langsam und vorsichtig in den Topf gleiten und bepinselt ihn mit lauwarmem Wasser. Dann wird der Dutch Oven wieder mit dem brikettbelegten Deckel verschlossen und das Brot ca. 20 Minuten gebacken. Danach muss die Backtemperatur reduziert werden, indem man drei Briketts unter dem Dutch Oven und drei Briketts vom Deckel entfernt. Die Gesamtbackzeit ist abhängig von der Außentemperatur, den Windverhältnissen sowie der Qualität der verwendeten Briketts und beträgt ca. 60 Minuten. Um zu verhindern, dass das Brot punktuell zu dunkel wird, sollte der Deckel mit den Grillbriketts während dieser Zeit zweimal um 90 Grad gedreht werden.
Das Brot ist fertig gebacken, wenn es beim Klopfen gegen seine Unterseite hohl klingt. Dann kann es zum Auskühlen aus dem Dutch Oven genommen werden.

KAFFEEBROT

Zutaten:

- 750 g Weizenmehl Type 550
- 10,5 g Trockenhefe (1 ½ Tüten)
- 500 ml lauwarmer Kaffee
- 1 EL weiche Butter
- 2 TL Salz
- ½ TL Zucker

Herstellung

Das gesiebte Mehl in eine Schüssel geben und gut mit der Trockenhefe, dem Salz und dem Zucker vermischen.
Dann den lauwarmen Kaffee sowie die Butter zugeben und die Masse solange mit dem Knethagen des Handmixers durchmengen, bis sich alle Zutaten gut miteinander verbunden haben.
Anschließend knetet man den Teig ca. 5 Minuten kräftig per Hand durch. Danach sollte er eine geschmeidige Konsistenz haben und sich leicht vom Schüsselrand lösen. Wenn er zu flüssig ist muss noch etwas Mehl und falls er zu trocken ist, noch etwas Kaffee zugegeben werden. Dann wird der Teig zu einer Kugel geformt, in eine eingeölte Schüssel gelegt und abgedeckt für ca. 1-2 Stunden zum „Gehen" an einen ca. 30°C warmen Ort gestellt.
Wenn sich sein Volumen in etwa verdoppelt hat knetet man den Teig auf einer mit Mehl bestreuten Arbeitsfläche nochmals kräftig durch.
Danach formt man den Teig entsprechend der Größe eines 12"- Dutch Ovens zu einem runden Brotlaib, schneidet seine Oberfläche einmal quer und einmal längs ca. 1cm tief ein und lässt ihn weitere 15 Minuten ruhen.
In dieser Zeit wird der Dutch Oven vorgeheizt.
Dafür legt man 8 durchgeglühte Grillbriketts kreisförmig unter einen zuvor mit Backpapier ausgeschlagenen 12"- Dutch Oven und 14 Briketts auf den Deckel.
Nach Ablauf der 15 Minuten lässt man den Kaffeebrotteigling langsam und vorsichtig in den Topf gleiten und bepinselt ihn mit lauwarmem Wasser.
Dann wird der Dutch Oven wieder mit dem brikettbelegten Deckel verschlossen und das Brot ca. 20 Minuten gebacken. Danach muss die Backtemperatur reduziert werden, indem man drei Briketts unter dem Dutch Oven und drei Briketts vom Deckel entfernt. Die Gesamtbackzeit ist abhängig von der Außentemperatur, den Windverhältnissen sowie der Qualität der verwendeten Briketts und beträgt ca. 60 Minuten. Um zu verhindern, dass das Brot punktuell zu dunkel wird, sollte der Deckel mit den Grillbriketts während dieser Zeit zweimal um 90 Grad gedreht werden.
Das Brot ist fertig gebacken, wenn es beim Klopfen gegen seine Unterseite hohl klingt. Dann kann es zum Auskühlen aus dem Dutch Oven genommen werden.

WEIHNACHTSBROT

Zutaten:

▪ 750	g	Weizenmehl Type 550	▪ 450	ml	lauwarmes Wasser
▪ 150	g	Rosinen	▪ 1 ½	TL	Salz
▪ 100	g	Haselnüsse	▪ ½	TL	Zucker
▪ 10,5	g	Trockenhefe (1 ½ Tüten)	▪ ½	TL	Zimt

Herstellung

Das gesiebte Mehl in eine Schüssel geben und gut mit der Trockenhefe, dem Salz, Zucker und Zimt vermischen.
Dann das lauwarme Wasser zugeben und die Masse solange per Hand vermengen, bis ein klebriger Teig entstanden ist.
Der Teig sollte dabei nicht zu kräftig geknetet werden, damit das fertige Brot später schön locker und luftig wird.
Wenn die Masse zu trocken ist, muss noch etwas Wasser zugegeben werden.
Dann wird der Teig zu einer Kugel geformt, in eine eingeölte Schüssel gelegt und abgedeckt für ca. 1-2 Stunden zum „Gehen" an einen ca. 30°C warmen Ort gestellt.
Wenn sich sein Volumen in etwa verdoppelt hat drückt man ihn auf einer mit Mehl bestreuten Arbeitsfläche etwas flach, streut die Rosinen und Haselnüsse darauf und knetet sie mit ebenfalls bemehlten Händen in den Teig.
Danach formt man den Teig entsprechend der Größe eines 12"- Dutch Ovens zu einem runden Brotlaib, schneidet seine Oberfläche einmal längs und einmal quer ca. 1cm tief ein und lässt ihn weitere 15 Minuten ruhen.
In dieser Zeit wird der Dutch Oven vorgeheizt.
Dafür legt man 8 durchgeglühte Grillbriketts kreisförmig unter einen zuvor mit Backpapier ausgeschlagenen 12"- Dutch Oven und 14 Briketts auf den Deckel.
Nach Ablauf der 15 Minuten lässt man den Weihnachtsbrotteigling langsam und vorsichtig in den Topf gleiten und bepinselt ihn mit lauwarmem Wasser.
Dann wird der Dutch Oven wieder mit dem brikettbelegten Deckel verschlossen und das Brot ca. 20 Minuten gebacken.
Danach muss die Backtemperatur reduziert werden, indem man drei Briketts unter dem Dutch Oven und drei Briketts vom Deckel entfernt.
Die Gesamtbackzeit ist abhängig von der Außentemperatur, den Windverhältnissen sowie der Qualität der verwendeten Briketts und beträgt ca. 60 Minuten.
Um zu verhindern, dass das Brot punktuell zu dunkel wird, sollte der Deckel mit den Grillbriketts während dieser Zeit zweimal um 90 Grad gedreht werden.
Das Brot ist fertig gebacken, wenn es beim Klopfen gegen seine Unterseite hohl klingt. Dann kann es zum Auskühlen aus dem Dutch Oven genommen werden.

ROGGENBROT

Zutaten:

▪ 500	g	Roggenmehl Type 1150	▪ 1	TL	Salz
▪ 200	g	Sauerteig	▪ ½	TL	Zucker
▪ 250	ml	lauwarmes Wasser			

Herstellung

Einen Sauerteig wie auf Seite 53 beschrieben herstellen und 250g davon abnehmen. Alternativ kann auch Natursauerteig im Handel erworben werden.
Das gesiebte Roggenmehl in eine Schüssel füllen, mit dem Salz vermischen, in die Mitte eine Mulde drücken und den Sauerteig, Zucker sowie das Wasser hinein geben.
Danach wird die Masse mit dem Knethagen des Handmixers mindestens 5 Minuten zu einem glatten Teig verknetet und dann abgedeckt für 30 Minuten zum Ruhen an einen ca. 30°C warmen Ort gestellt.
Anschließend mengt man den Teig mit gut bemehlten Händen ca. 5 Minuten kräftig durch. Nach dieser Zeit sollte er eine geschmeidige Konsistenz haben und sich leicht vom Schüsselrand lösen. Sollte dies nicht der Fall sein, muss noch etwas lauwarmes Wasser zugegeben werden.
Im Anschluss muss der Teig solange an einem ca. 30°C warmen Ort „gehen", bis sich sein Volumen in etwa verdoppelt hat. Die „Gehzeit" von Sauerteig ist länger als beim Hefeteig und kann zwischen 4 bis 12 Stunden betragen.
Nachdem der Teig sein Volumen verdoppelt hat, wird er nochmals kräftig mit gut bemehlten Händen durchgeknetet, zur Formgebung in eine 30cm lange, eingeölte Kastenform gepackt und weitere 2 Stunden an einen ca. 30°C warmen Ort gestellt. In den letzten 15 Minuten Ruhezeit wird die mit Backpapier ausgeschlagene, gusseiserne Kastenform vorgeheizt.
Da die Form keine Füße besitzt, stellt man sie dafür auf einen Stahluntersetzer, legt 5 durchgeglühte Briketts längs darunter und 8 Briketts auf den Deckel.
Nach Ablauf der 15 Minuten lässt man den Roggenbrotteigling langsam und vorsichtig in die Form gleiten und bepinselt ihn mit lauwarmem Wasser. Dann wird die Form wieder mit dem brikettbelegten Deckel verschlossen und das Brot ca. 20 Minuten gebacken. Danach muss die Backtemperatur reduziert werden, indem man ein Brikett unter der Kastenform und zwei Briketts vom Deckel entfernt. Die Gesamtbackzeit ist abhängig von der Außentemperatur, den Windverhältnissen sowie der Qualität der verwendeten Grillbriketts und beträgt ca. 60 Minuten.
Das Brot ist fertig gebacken, wenn es beim Klopfen gegen seine Unterseite hohl klingt. Dann kann es zum Auskühlen aus dem Dutch Oven genommen werden.

Den Teig vorbereiten…

Den Stahluntersetzer platzieren.

Die Kastenform auf den Untersetzer stellen und 15 Minuten vorheizen.

Den Teigling hinein packen…

…und ca. 60 Minuten backen.

BUTTERMILCHBROT

Zutaten:

▪ 600	g	Weizenmehl Type 550	▪ 1 ½	TL	Salz
▪ 300	g	Roggenmehl Type 1150	▪ 1	TL	Zucker
▪ 450	ml	lauwarme Buttermilch	▪ 1		Würfel frische Hefe
▪ 200	ml	lauwarmes Wasser	▪ 1		Prise Kardamom

Herstellung

Die frische Hefe zerkrümeln und zusammen mit dem Zucker unter Rühren in 150ml vom lauwarmen Wasser auflösen. Die beiden gesiebten Mehlsorten in eine Schüssel geben, in die Mitte eine Mulde drücken, die aufgelöste Hefemischung hineinfüllen und die Mulde mit Mehl bedecken. Nach einer Ruhezeit von 10 Minuten werden die restlichen 50ml lauwarmes Wasser, die Buttermilch, das Salz sowie der Kardamom zugegeben und die Masse solange mit dem Knethagen des Handmixers durchgemengt, bis sich alle Zutaten gut miteinander verbunden haben. Der Teig sollte dann eine geschmeidige Konsistenz haben und sich leicht vom Schüsselrand lösen. Wenn er zu flüssig ist muss noch etwas Mehl und falls er zu trocken ist, noch etwas Buttermilch zugegeben werden. Dann stellt man ihn abgedeckt für ca. 1 Stunde zum „Gehen“ an einen ca. 30°C warmen Ort. Danach wird er aus der Schüssel genommen, auf einer bemehlten Arbeitsfläche einmal übereinander gefaltet, wieder in die Schüssel hinein gelegt und für eine weitere Stunde zum „Gehen“ an einen ca. 30°C warmen Ort gestellt. Wenn sich sein Volumen in etwa verdoppelt hat knetet man den Teig auf einer mit Mehl bestreuten Arbeitsfläche kräftig durch, formt einen runden Brotlaib daraus, schneidet seine Oberfläche einmal quer und einmal längs ca. 1cm tief ein und lässt ihn weitere 15 Minuten ruhen. In dieser Zeit wird der Dutch Oven vorgeheizt. Dafür legt man 8 durchgeglühte Grillbriketts kreisförmig unter einen zuvor mit Backpapier ausgeschlagenen 12“- Dutch Oven und 14 Briketts auf den Deckel. Nach Ablauf der 15 Minuten lässt man den Brotteigling langsam und vorsichtig in den Topf gleiten und bepinselt ihn mit lauwarmem Wasser. Dann wird der Dutch Oven wieder mit dem brikettbelegten Deckel verschlossen und das Brot ca. 20 Minuten gebacken.

Danach muss die Backtemperatur reduziert werden, indem man drei Briketts unter dem Dutch Oven und drei Briketts vom Deckel entfernt. Die Gesamtbackzeit ist abhängig von der Außentemperatur, den Windverhältnissen sowie der Qualität der verwendeten Briketts und beträgt ca. 60 Minuten. Um zu verhindern, dass das Brot punktuell zu dunkel wird, sollte der Deckel mit den Briketts während dieser Zeit zweimal um 90 Grad gedreht werden. Das Brot ist fertig gebacken, wenn es beim Klopfen gegen seine Unterseite hohl klingt.

MAISBROT

Zutaten:

▪ 300	g	Weizenmehl Type 550	▪ 2	TL	Zucker
▪ 250	g	Maismehl	▪ 1 ½	TL	Salz
▪ 300	ml	lauwarmes Wasser	▪ ½		Würfel frische Hefe

Herstellung

Die frische Hefe zerkrümeln und zusammen mit dem Zucker unter Rühren in 150ml vom lauwarmen Wasser auflösen. Das gesiebte Weizenmehl in eine Schüssel füllen, in die Mitte eine Mulde drücken, die aufgelöste Hefemischung hineinfüllen und die Mulde mit Mehl bedecken.

Nach einer Ruhezeit von 10 Minuten werden das Maismehl, das Salz sowie die restlichen 150ml lauwarmes Wasser zugegeben und die Masse solange mit dem Knethagen des Handmixers durchgemengt, bis sich alle Zutaten gut miteinander verbunden haben.

Der Teig sollte dann eine geschmeidige Konsistenz haben und sich leicht vom Schüsselrand lösen. Wenn er zu flüssig ist muss noch etwas Weizenmehl und falls er zu trocken ist, noch etwas Wasser zugegeben werden.

Anschließend wird der Teig zu einer Kugel geformt, in eine eingeölte Schüssel gelegt und abgedeckt für ca. 1-2 Stunden zum „Gehen" an einen ca. 30°C warmen Ort gestellt. Wenn sich sein Volumen in etwa verdoppelt hat knetet man den Teig auf einer mit Mehl bestreuten Arbeitsfläche nochmals kräftig durch, formt einen runden Brotlaib daraus, schneidet seine Oberfläche einmal längs und einmal quer ca. 1cm tief ein und lässt ihn weitere 15 Minuten ruhen.

In dieser Zeit wird der Dutch Oven vorgeheizt.

Dafür legt man 8 durchgeglühte Grillbriketts kreisförmig unter einen zuvor mit Backpapier ausgeschlagenen 12"- Dutch Oven und 14 Briketts auf den Deckel.

Nach Ablauf der 15 Minuten lässt man den Maisbrotteigling langsam und vorsichtig in den Topf gleiten und bepinselt ihn mit lauwarmem Wasser.

Dann wird der Dutch Oven wieder mit dem brikettbelegten Deckel verschlossen und das Brot ca. 20 Minuten gebacken. Danach muss die Backtemperatur reduziert werden, indem man drei Briketts unter dem Dutch Oven und drei Briketts vom Deckel entfernt. Die Gesamtbackzeit ist abhängig von der Außentemperatur, den Windverhältnissen sowie der Qualität der verwendeten Briketts und beträgt ca. 45 Minuten. Um zu verhindern, dass das Brot punktuell zu dunkel wird, sollte der Deckel mit den Grillbriketts während dieser Zeit zweimal um 90 Grad gedreht werden.

Das Brot ist fertig gebacken, wenn es beim Klopfen gegen seine Unterseite hohl klingt. Dann kann es zum Auskühlen aus dem Dutch Oven genommen werden.

CIABATTA - BROT

Zutaten:

▪ 85	g	Weizenmehl Type 550	▪ 2	TL	Zucker
▪ 550	ml	lauwarmes Wasser	▪ 2	TL	Salz
▪ 5	EL	Olivenöl	▪ ¾		Würfel frische Hefe
▪ 2	EL	lauwarme Milch			

Herstellung

Die frische Hefe zerkrümeln und zusammen mit 1 TL Zucker unter Rühren in 150ml vom lauwarmen Wasser auflösen. Das gesiebte Mehl in eine Schüssel geben, in die Mitte eine Mulde drücken, die aufgelöste Hefemischung hineinfüllen und die Mulde mit Mehl bedecken. Nach einer Ruhezeit von 20 Minuten werden die restlichen 400ml lauwarmes Wasser, der restliche Zucker, das Salz, Olivenöl sowie die Milch zugegeben und die Masse mit dem Knethaken des Handmixers zu einem weichen Teig geknetet.
Danach gibt man noch eine ganz kleine Menge Weizenmehl dazu, knetet aus dem Teig per Hand eine gut formbare Masse und stellt ihn abgedeckt für ca. 1 Stunde zum „Gehen“ an einen ca. 30°C warmen Ort. Danach wird er aus der Schüssel genommen, auf einer bemehlten Arbeitsfläche kurz durchgeknetet, wieder in die Schüssel hinein gelegt und für eine weitere Stunde zum „Gehen“ an einen ca. 30°C warmen Ort gestellt. Wenn sich sein Volumen in etwa verdoppelt hat, knetet man den Teig auf einer mit Mehl bestreuten Arbeitsfläche nochmals kräftig durch, teilt ihn in zwei Stücke und formt zwei rechteckige, flachere Brotlaibe daraus, die der Länge nach in den Dutch Oven passen.
Die Teiglinge lässt man noch weitere 15 Minuten ruhen und heizt in dieser Zeit den Dutch Oven vor. Dafür legt man 7 durchgeglühte Grillbriketts kreisförmig unter einen zuvor mit Backpapier ausgeschlagenen 12“- Dutch Oven und 14 Briketts auf den Deckel. Nach Ablauf der 15 Minuten lässt man die Teiglinge langsam und vorsichtig in den Topf gleiten und bepinselt sie mit lauwarmem Wasser. Dann wird der Dutch Oven wieder mit dem brikettbelegten Deckel verschlossen und die Brote ca. 10 Minuten gebacken. Danach muss die Backtemperatur reduziert werden, indem man drei Briketts unter dem Dutch Oven und drei Briketts vom Deckel entfernt. Die Gesamtbackzeit ist abhängig von der Außentemperatur, den Windverhältnissen sowie der Qualität der verwendeten Briketts und beträgt ca. 30 Minuten. Um zu verhindern, dass die Brote punktuell zu dunkel werden, sollte der Deckel mit den Briketts während dieser Zeit mindestens einmal um 90 Grad gedreht werden. Die Brote sind fertig gebacken, wenn sie beim Klopfen gegen ihre Unterseite hohl klingen.
Dann können sie zum Auskühlen aus dem Dutch Oven genommen werden.

JALAPEÑO - BROTZOPF

Zutaten:

▪ 800	g	Weizenmehl Type 550	▪ 1		Eiweiß
▪ 10,5	g	Trockenhefe (1 ½ Tüten)	▪ 4	EL	Maiskeimöl
▪ 400	ml	lauwarmes Wasser	▪ 3	EL	Sesamkörner
▪ 8		Jalapeños, entkernt	▪ 2	EL	Zucker
▪ 1		mittelgroßes Ei	▪ 2	TL	Salz

Herstellung

Das lauwarme Wasser in eine Schüssel füllen und den Zucker einrühren.
Dann die Hälfte des gesiebten Mehls, die fein gehackten Jalapeños sowie die Trockenhefe zugeben und alles gut vermischen.
Danach das Salz, Maiskeimöl und das Ei zufügen und die Masse ca. 2 Minuten mit einem Holzlöffel kräftig verrühren. Anschließend die restlichen 400g Mehl zugeben und die Masse ca. 5 Minuten auf einer bemehlten Arbeitsfläche zu einem gut formbaren Teig verkneten. Sollte der Teig zu flüssig sein muss noch etwas Weizenmehl und falls er zu trocken ist, noch etwas Wasser zugegeben werden. Dann wird der Teig zu einer Kugel geformt, in eine eingeölte Schüssel gelegt und abgedeckt für ca. 1 Stunde zum „Gehen" an einen ca. 30°C warmen Ort gestellt. Wenn sich sein Volumen in etwa verdoppelt hat legt man ihn auf eine leicht mit Mehl bestreute Arbeitsfläche, teilt ihn in drei gleichgroße Stücke und rollt die einzelnen Stücke zu ca. 40cm langen „Seilen". Die Seile werden dann miteinander verflochten, so dass ein Zopf entsteht und die beiden Enden flach gedrückt. Anschließend verquirlt man das Eiweiß mit einem Teelöffel Wasser, bepinselt den Brotzopf damit und bestreut ihn mit den Sesamkörnern. Danach lässt man den Zopf nochmals ca. 45 Minuten „gehen" und heizt in den letzten 15 Minuten den Dutch Oven vor.
Dafür legt man 7 durchgeglühte Grillbriketts kreisförmig unter einen zuvor mit Backpapier ausgeschlagenen 12"- Dutch Oven und 14 Briketts auf den Deckel. Nach Ablauf der 15 Minuten lässt man den Teigzopf langsam und vorsichtig in den Topf gleiten, verschließt den Dutch Oven wieder mit dem brikettbelegten Deckel und backt den Jalapeño - Brotzopf ca. 15 Minuten lang. Danach muss die Backtemperatur reduziert werden, indem man drei Briketts unter dem Dutch Oven und drei Briketts vom Deckel entfernt. Die Gesamtbackzeit ist abhängig von der Außentemperatur, den Windverhältnissen sowie der Qualität der verwendeten Briketts und beträgt ca. 30 - 40 Minuten. Um zu verhindern, dass der Brotzopf punktuell zu dunkel wird, sollte der Deckel mit den Briketts während dieser Zeit zweimal um 90 Grad gedreht werden. Der Jalapeño - Brotzopf ist fertig gebacken, wenn er beim Klopfen gegen seine Unterseite hohl klingt.

BACONBROT

Zutaten:

- 750 g Weizenmehl(Type 550
- 200 g Baconwürfel
- 450 ml lauwarmes Wasser
- 2 EL getrocknete Röstzwiebeln
- 1 EL weiche Butter
- ½ TL Zucker
- ½ TL Salz
- 1 Würfel frische Hefe

Herstellung

Die frische Hefe zerkrümeln und zusammen mit dem Zucker unter Rühren in 150ml vom lauwarmen Wasser auflösen. Das gesiebte Mehl in eine Schüssel geben, in die Mitte eine Mulde drücken, die aufgelöste Hefemischung hinein füllen und die Mulde mit Mehl bedecken. Nach einer Ruhezeit von 10 Minuten werden die restlichen 300ml lauwarmes Wasser, die Butter sowie das Salz zugegeben und die Masse solange mit dem Knethagen des Handmixers durchgemengt, bis sich alle Zutaten gut miteinander verbunden haben. Der Teig sollte dann eine geschmeidige Konsistenz haben und sich leicht vom Schüsselrand lösen. Wenn er zu flüssig ist muss noch etwas Mehl und falls er zu trocken ist, noch etwas Wasser zugegeben werden. Dann stellt man ihn abgedeckt für ca. 1 Stunde zum „Gehen“ an einen ca. 30°C warmen Ort.

Wenn sich sein Volumen in etwa verdoppelt hat drückt man ihn auf einer mit Mehl bestreuten Arbeitsfläche etwas flach, streut die Röstzwiebeln und Baconwürfel darauf und knetet sie mit ebenfalls bemehlten Händen in den Teig.

Danach formt man den Teig entsprechend der Größe eines 12“- Dutch Ovens zu einem runden Brotlaib, schneidet seine Oberfläche einmal längs und einmal quer ca. 1cm tief ein und lässt ihn weitere 15 Minuten ruhen.

In dieser Zeit wird der Dutch Oven vorgeheizt. Dafür legt man 8 durchgeglühte Grillbriketts kreisförmig unter einen zuvor mit Backpapier ausgeschlagenen 12“- Dutch Oven und 14 Briketts auf den Deckel. Nach Ablauf der 15 Minuten lässt man den Teigling langsam und vorsichtig in den Topf gleiten und bepinselt ihn mit lauwarmem Wasser. Dann wird der Dutch Oven wieder mit dem brikettbelegten Deckel verschlossen und das Brot ca. 20 Minuten gebacken. Danach muss die Backtemperatur reduziert werden, indem man drei Briketts unter dem Dutch Oven und drei Briketts vom Deckel entfernt.

Die Gesamtbackzeit ist abhängig von der Außentemperatur, den Windverhältnissen sowie der Qualität der verwendeten Briketts und beträgt ca. 45 Minuten. Um zu verhindern, dass das Brot punktuell zu dunkel wird, sollte der Deckel mit den Grillbriketts während dieser Zeit zweimal um 90 Grad gedreht werden. Das Brot ist fertig gebacken, wenn es beim Klopfen gegen seine Unterseite hohl klingt. Dann kann es zum Auskühlen aus dem Dutch Oven genommen werden

IRISCHES BROT

Zutaten:

- 750 g Weizenmehl Type 550
- 400 ml lauwarme Buttermilch
- 2 TL getrocknete Petersilie
- 1 ½ TL Salz
- 1 TL Backpulver
- 1 TL Natron
- 1 TL getrockneter Basilikum
- ½ TL getrockneter Thymian

Herstellung

Das gesiebte Mehl, die Petersilie, das Salz, Backpulver, Natron, den Thymian sowie das Basilikum in eine Schüssel geben und grob vermischen.
Dann nach und nach die Buttermilch zugeben und die Masse gleichzeitig mit dem Knethagen des Handmixers ca. 6 - 8 Minuten durchmengen.
Der Teig sollte anschließend eine geschmeidige Konsistenz haben und sich leicht vom Schüsselrand lösen. Wenn er zu flüssig ist muss noch etwas Mehl und falls er zu trocken ist, noch etwas Buttermilch zugegeben werden.
Danach stellt man ihn abgedeckt für ca. 1 - 2 Stunden zum „Gehen" an einen ca. 30°C warmen Ort.
Wenn sich sein Volumen in etwa verdoppelt hat knetet man den Teig auf einer mit Mehl bestreuten Arbeitsfläche nochmals kräftig durch, formt einen runden Brotlaib daraus, schneidet seine Oberfläche einmal quer und einmal längs ca. 1cm tief ein und lässt ihn weitere 15 Minuten ruhen.
In dieser Zeit wird der Dutch Oven vorgeheizt.
Dafür legt man 8 durchgeglühte Grillbriketts kreisförmig unter einen zuvor mit Backpapier ausgeschlagenen 12"- Dutch Oven und 14 Briketts auf den Deckel.
Nach Ablauf der 15 Minuten lässt man den Brotteigling langsam und vorsichtig in den Topf gleiten und bepinselt ihn mit lauwarmem Wasser.
Dann wird der Dutch Oven wieder mit dem brikettbelegten Deckel verschlossen und das Brot ca. 20 Minuten gebacken.
Danach muss die Backtemperatur reduziert werden, indem man drei Briketts unter dem Dutch Oven und drei Briketts vom Deckel entfernt.
Die Gesamtbackzeit ist abhängig von der Außentemperatur, den Windverhältnissen sowie der Qualität der verwendeten Briketts und beträgt ca.60 Minuten.
Um zu verhindern, dass das Brot punktuell zu dunkel wird, sollte der Deckel mit den Grillbriketts während dieser Zeit zweimal um 90 Grad gedreht werden.
Das Brot ist fertig gebacken, wenn es beim Klopfen gegen seine Unterseite hohl klingt.
Dann kann es zum Abkühlen aus dem Dutch Oven genommen werden

SCHINKENBRÖTCHEN

Zutaten:

- 500 g Weizenmehl Type 550
- 150 g Kochschinkenwürfel
- 7,0 g Trockenhefe (1 Tüte)
- 350 ml lauwarmes Wasser
- 1 EL getrocknete Röstzwiebeln
- ¾ TL Salz
- ½ TL Zucker

Herstellung

Das gesiebte Mehl in eine Schüssel geben und gut mit der Trockenhefe, dem Salz sowie dem Zucker vermischen.
Dann das lauwarme Wasser zugeben und die Masse solange mit dem Knethaken des Handmixers vermengen, bis sich alle Zutaten gut miteinander verbunden haben.
Anschließend knetet man den Teig ca. 5 Minuten kräftig per Hand durch. Danach sollte er eine geschmeidige Konsistenz haben und sich leicht vom Schüsselrand lösen. Wenn er zu flüssig ist muss noch etwas Mehl und falls er zu trocken ist, noch etwas Wasser zugegeben werden.
Dann wird der Teig zu einer Kugel geformt, in eine eingeölte Schüssel gelegt und abgedeckt für ca. 1 Stunde zum „Gehen“ an einen ca. 30°C warmen Ort gestellt.
Wenn sich sein Volumen in etwa verdoppelt hat drückt man ihn auf einer mit Mehl bestreuten Arbeitsfläche etwas flach, streut die Schinkenwürfel und Röstzwiebeln darauf und knetet sie mit ebenfalls bemehlten Händen in den Teig.
Danach formt man aus dem Teig 8 gleichgroße Brötchen, lässt sie noch weitere 30 Minuten an einem ca. 30°C warmen gehen und heizt in den letzten 15 Minuten den Dutch Oven vor.
Dafür legt man 6 durchgeglühte Grillbriketts kreisförmig unter einen zuvor mit Backpapier ausgeschlagenen 12“- Dutch Oven und 14 Briketts auf den Deckel.
Nach Ablauf der 15 Minuten werden die Teiglinge „sonnenförmig“ in den Topf gepackt, der Dutch Oven wieder mit dem brikettbelegten Deckel verschlossen und die Schinkenbrötchen ca. 30 - 40 Minuten gebacken.
Zur gleichmäßigen Hitzeverteilung im Topf sollte der Deckel mit den Briketts während dieser Zeit zweimal um 90 Grad gedreht werden
Damit die Brötchen eine schöne goldbraune Farbe bekommen, kann man sie nach der Hälfte der Backzeit mit warmer Milch bepinseln.
Wenn sie schön knusprig sind, können sie zum Auskühlen aus dem Dutch Oven genommen werden.

PIZZA - TOMATENSAUCE

Zutaten für ca. 250g:

- 1 EL Olivenöl
- 2 TL Tomatenmark
- 2 TL Basilikum, frisch gehackt
- 1 TL Brauner Zucker
- ½ TL Oregano, getrocknet
- 6 geschälte Tomaten, gehackt
- 1 kleine Zwiebel, gehackt
- ½ rote Paprika, fein gehackt
- ½ Knoblauchzehe, gepresst

Salz und weißer Pfeffer

Herstellung:

Das Olivenöl erhitzen und Paprika, Knoblauch sowie die Zwiebel darin anschwitzen.
Die restlichen Zutaten zugeben, alles gut miteinander verrühren und mit etwas Salz und Pfeffer abschmecken.
Die Sauce dann ca. 20 Minuten auf keiner Flamme köcheln lassen und dabei mehrmals umrühren,
Nach dem Abkühlen wird die Sauce in verschließbare Behältnisse aus Glas abgefüllt und ist dann im Kühlschrank ca. 7 Tage haltbar.

HOT - CHILI - SAUCE

Zutaten für ca. 250g:

- 8 TL Tomatenflocken
- 3 TL Tabascosauce
- 3 TL Zucker
- 2 TL Cayennepfeffer
- 8 TL Salz
- 1 TL Chiliflocken
- 6 geschälte Tomaten (Dose)
- ½ Knoblauchzehe, gepresst

Herstellung:

Die geschälten Tomaten pürieren und die getrockneten Tomatenflocken im Mörser fein zerstoßen. Danach alle Zutaten in eine Schüssel geben und gut miteinander verrühren.
Anschließend füllt man die Hot - Chili - Sauce in verschließbare Behältnisse aus Glas und lässt sie vor dem Verzehr mindestens 4 Stunden ziehen.
Im Kühlschrank aufbewahrt ist sie ca. 7 Tage haltbar.

BBQ - SAUCE

Zutaten für ca. 250g:

- 100 ml Tomatenmark
- 100 ml Wasser
- ½ EL Rohrzucker
- 2 TL Essig (5% Säure)
- 1 ½ TL Akazienhonig
- 1 ½ TL Rauchsalz
- 1 TL Senf, mittelscharf
- 1 ½ Knoblauchzehen, gepresst
- ½ kleine Zwiebel, gehackt
- 6 Spritzer Tabascosauce

Herstellung:

Alle Zutaten in eine Schüssel geben und gut miteinander verrühren.
Sollte die Konsistenz der Sauce zu flüssig sein, muss noch etwas Tomatenmark zugegeben werden und wenn sie zu dick ist, etwas Wasser.
Anschließend füllt man die BBQ - Sauce in verschließbare Behältnisse aus Glas und lässt sie vor dem Verzehr mindestens 4 Stunden ziehen.
Im Kühlschrank aufbewahrt ist sie ca. 7 Tage haltbar.

BEEF - ONION - PIZZA

Zutaten für den Belag:

- 250 g Rindersteakhüfte, in Streifen
- 80 g Mozzarellakäse, gewürfelt
- 80 g Gorgonzolakäse, gewürfelt
- 2 EL Mais (Dose)
- 6 Scheiben Bacon
- 2 Zwiebeln, in Ringen
- Block House - Steakpfeffer
- Salz

Herstellung

Den Pizzagrundteig (siehe Seite 83) auf ein rundes Pizzablech mit 28cm Durchmesser legen, mit 3 EL BBQ - Sauce (s. Seite 86) bestreichen und die Mozzarellawürfel darauf streuen. Die Rindfleischstreifen mit etwas Steakpfeffer und Salz würzen, kurz in 1 EL Öl von allen Seiten anbraten und auf dem Mozzarella verteilen. Auf die Fleischstreifen die Zwiebelringe und den Mais legen, darauf die Baconscheiben und zum Schluss die Gorgonzolawürfel darüber streuen. Anschließend die Pizza im 14“- Dutch Oven mit 15 Grillbriketts darunter und 22 Briketts auf dem Deckel ca. 20 - 30 Minuten backen.

CHEESE - PIZZA

Zutaten für den Belag:

- 100 g Gorgonzolakäse, gewürfelt
- 100 g Mozzarellakäse, gewürfelt
- 100 g Cheddarkäse, gewürfelt
- 100 g Goudakäse, gewürfelt

Herstellung

Den Pizzagrundteig (siehe Seite 83) auf ein rundes Pizzablech mit 28cm Durchmesser legen, mit 3 EL Pizza - Tomatensauce (s. Seite 84) bestreichen und die einzelnen Käsesortenwürfel jeweils auf ein Viertel des Teigs streuen. Anschließend die Pizza im 14“- Dutch Oven mit 15 Grillbriketts darunter und 22 Briketts auf dem Deckel ca. 20 - 30 Minuten backen.

CHICKEN - CURRY - PIZZA

Zutaten für den Belag:

- 200 g Hähnchenbrustfilet
- 100 g Cheddarkäse, gerieben
- 100 ml Kokosmilch
- 1 EL Kokoscreme
- 1 EL Butter
- ½ Dose Ananas in Scheiben
- 1 ½ EL Rapsöl
- 1 ½ EL Mehl
- 1 EL Mandelblättchen
- Salz und Pfeffer
- Currypulver

Herstellung

Das Hähnchenbrustfilet in Streifen schneiden, im heißen Rapsöl rundherum anbraten und dabei mit Salz und Pfeffer würzen.
Danach wird es aus der Pfanne genommen und zum Abkühlen zur Seite gestellt.
Die Butter in einem Topf solange erhitzen bis sie flüssig ist und durch einrühren des Mehls eine Schwitze herstellen.
Dann den Ananassaft aus der Dose, die Kokosmilch und Kokoscreme zugeben, alles gut verrühren und bei kleiner Hitze aufkochen lassen.
Anschließend die in Stücke geschnittenen Ananasscheiben zufügen und die Sauce mit Salz, Pfeffer und Currypulver abschmecken.
Danach muss sie noch 5 Minuten köcheln und wird dann ebenfalls zum Abkühlen zur Seite gestellt.
In der Zwischenzeit stellt man einen Pizzagrundteig wie auf Seite 83 beschrieben her und legt ihn auf ein rundes Pizzablech mit 28cm Durchmesser.
Den Teig bestreicht man dann mit der abgekühlten Currysauce und verteilt die Hähnchenstreifen darauf.
Zum Abschluss werden der geriebene Cheddarkäse und die Mandelblättchen darüber gestreut.
Anschließend wird die Pizza im 14“- Dutch Oven mit 15 Grillbriketts darunter und 22 Briketts auf dem Deckel ca. 20 - 30 Minuten gebacken.

CHILI CON CARNE - PIZZA

Zutaten für den Belag:

▪ 300	g	Rinderhackfleisch	▪ 1		Zwiebel, gehackt
▪ 150	g	Mozzarellakäse, in Scheiben	▪ 2	EL	Olivenöl
▪ 100	g	Kidney - Bohnen (Dose)	▪ ¼	TL	Chilipulver
▪ 150	ml	Hot - Chili - Sauce	▪ ¼	TL	Kreuzkümmel
▪ 2		entkernte Jalapeños, gehackt	▪		weißer Pfeffer
▪ ½		rote Paprika, gewürfelt	▪		Salz

Herstellung

Den Pizzagrundteig (siehe Seite 83) auf ein rundes Pizzablech mit 28cm Durchmesser legen.
Das Rinderhackfleisch im erhitzten Olivenöl rundherum anbraten und dabei mit Chilipulver und Kreuzkümmel würzen. Dann die Kidney - Bohnen, Jalapaños, Paprikawürfel sowie die Zwiebeln kurz mit anschmoren und alles mit Pfeffer und Salz abschmecken. Danach die Hot - Chili - Sauce (siehe Seite 85) zugeben, das Chili con Carne kurz erhitzen und auf dem Pizzagrundteig verteilen. Zum Schluss die Mozzarellascheiben darauf legen und die Pizza im 14“- Dutch Oven mit 15 Grillbriketts darunter und 22 Briketts auf dem Deckel ca. 20 - 30 Minuten backen.

CHORIZO - PIZZA

Zutaten für den Belag:

▪ 200	g	Mozzarellakäse, in Scheiben	▪ 2		mittelgroße Zwiebeln
▪ 120	g	Chorizo-Salami	▪ 1		Knoblauchzehe
▪ 7		mittelgroße Champignons	▪ ½		gelbe Paprika
▪ 6		Scheiben Bacon	▪ 1	EL	Olivenöl

Herstellung

Die Chorizo-Salami, frischen Champignons und Zwiebeln in dünne Scheiben, die Paprika in sehr dünne Ringe schneiden und die Knoblauchzehe hacken.
Einen Pizzagrundteig wie auf Seite 83 beschrieben herstellen, auf ein rundes Pizzablech mit 28cm Durchmesser legen, mit 3 EL Pizza - Tomatensauce (siehe Seite 84) bestreichen und 100g Mozzarellascheiben darauf legen.
Dann die Zwiebelscheiben im erhitzten Olivenöl glasig andünsten und den Knoblauch sowie die Champignons zugeben. Nachdem die Zutaten 2 Minuten weitergedünstet wurden lässt man sie abtropfen und verteilt sie dann auf dem Mozzarella.
Darauf legt man sternförmig die Baconscheiben, darüber die Chorizoscheiben und zum Schluss den restlichen Mozzarella.
Anschließend wird die Pizza im 14“- Dutch Oven mit 15 Grillbriketts darunter und 22 Briketts auf dem Deckel ca. 20 - 30 Minuten gebacken.

SERRANO - RUCOLA - PIZZA

Zutaten für den Belag:

- 12 Blätter Rucola - Salat
- 7 Scheiben Serrano - Schinken
- 6 Kirschtomaten
- 80 g Mozzarella in Scheiben
- ½ EL frisches Basilikum
- ½ EL frischer Thymian

Herstellung

Einen Pizzagrundteig wie auf Seite 83 beschrieben herstellen, auf ein rundes Pizzablech mit 28cm Durchmesser legen und mit 3 EL Pizza - Tomatensauce (siehe Seite 84) bestreichen.
Basilikum und Thymian hacken und jeweils einen ½ Esslöffel davon auf den Boden streuen.
Darauf legt man die Mozzarellascheiben, darüber den Serrano - Schinken und verteilt zum Schluss die Kirschtomaten kreisförmig darüber.
Anschließend wird die Pizza im 14"- Dutch Oven mit 15 Grillbriketts darunter und 22 Briketts auf dem Deckel ca. 20 - 30 Minuten gebacken.
Nachdem sie aus dem Dutch Oven genommen wurde, werden die Rucolasalatblätter darauf verteilt.

HOT DOG PIZZA

Zutaten für den Belag:

- 7 ½ Hot Dog Würste
- 4 Hot Dog Würste, in Scheiben
- 3 Gewürzgurken, in Scheiben
- ½ rote Paprika, in Streifen
- 180 g Pizzakäse, gerieben
- 2 EL Krautsalat
- 1 EL getrocknete Röstzwiebeln
- Hot Dog Senf nach Bedarf

Herstellung

Einen Pizzagrundteig wie auf Seite 83 beschrieben herstellen, etwas größer als ein rundes, 28cm großes Pizzablech ausrollen und darüber legen.
Den Rand des Teigs dann mit 7 ½ Hot Dog Würsten belegen, den Teig so überschlagen das die Würste umwickelt sind und den Boden mit 3 EL Pizza - Tomatensauce (siehe Seite 84) bestreichen.
Auf den Boden streut man 60g des Pizzakäses, verteilt den Krautsalat und die Paprikastreifen darüber, legt die Gurkenscheiben darauf und bestreut alles mit weiteren 60g Käse.
Auf dem Käse werden die getrockneten Röstzwiebeln sowie die 4 in Scheiben geschnittenen Hot Dog Würste verteilt, darüber einige Streifen Hot Dog Senf gegeben und die restlichen 60g Pizzakäse gestreut.
Anschließend wird die Pizza im 14"- Dutch Oven mit 15 Grillbriketts darunter und 22 Briketts auf dem Deckel ca. 20 - 30 Minuten gebacken.

Würste auf den Teig legen, umschlagen und mit Sauce bestreichen.

Mit Käse, Krautsalat, Paprika, Gurken und nochmals Käse belegen.

Darauf Zwiebeln, Wurstscheiben, Hot Dog Senf und Käse verteilen.

FLEISCHPIZZA

Zutaten für den Belag:

- 500 g Rinderhackfleisch
- 250 g Bacon in Scheiben
- 100 g Cheddarkäse, gerieben
- 100 g Mozzarellakäse, gerieben
- 60 g Peperonisalami, in Scheiben
- 5 Scheiben Hinterkochschinken
- 2 Tomaten, in Scheiben
- 1 rote Jalapeños
- 1 grüne Jalapeño
- ½ rote Paprika, in Streifen
- ½ TL Oregano, getrocknet
- Salz und Pfeffer

Herstellung

Ein rundes, 28cm großes Pizzablech mit den Baconscheiben auslegen. Diese erfüllen genau denselben Zweck wie Backpapier und man kann sie obendrein mitessen.
Das Rinderhackfleisch mit Salz und Pfeffer würzen, auf dem gesamten Pizzablech ausbreiten und platt drücken. Dann bestreicht man es mit 3 EL BBQ - Sauce (siehe Seite 86), streut den Cheddarkäse darüber, legt die Paprikastreifen sowie die Peperonisalami- und Tomatenscheiben darauf und bestreut alles mit dem Oregano und Mozzarella.
Zum Schluss wird die Fleischpizza mit dem Kochschinken sowie den in Scheiben geschnittenen Jalapeños belegt und im 14“- Dutch Oven mit 15 Grillbriketts darunter und 22 Briketts auf dem Deckel ca. 30 - 40 Minuten gebacken.

BARBECUE CHICKEN PIZZA

Zutaten für den Belag:

- 250 g Hähnchenbrustfilet
- 100 g Mozzarellakäse, gerieben
- 1 mittelgroße Zwiebel
- ½ rote Paprika
- ½ rote Zwiebel
- 1 EL Sonnenblumenöl
- 1 EL frische Petersilie, gehackt
- Salz, Pfeffer, edelsüßer Paprika

Herstellung

Einen Pizzagrundteig wie auf Seite 83 beschrieben herstellen und auf ein rundes Pizzablech mit 28cm Durchmesser legen. Den Teig dann mit 3 EL BBQ-Sauce (siehe Seite 86) bestreichen und den geriebenen Mozzarella darauf streuen.
Das Hähnchenbrustfilet in Streifen schneiden, im erhitzten Sonnenblumenöl rundherum anbraten und dabei mit Salz, Pfeffer und Paprika würzen.
Die Zwiebel in dünne Ringe schneiden, kurz mit anschmoren, alles abtropfen lassen und nach dem Abkühlen auf dem Teig verteilen.
Zum Schluss die in Streifen geschnittene Paprika und rote Zwiebel darauf legen und die Pizza im 14"- Dutch Oven mit 15 Grillbriketts darunter und 22 Briketts auf dem Deckel ca. 20 - 30 Minuten backen.
Vor dem Verzehr wird die gehackte Petersilie darauf gestreut.

KÄSE - GEMÜSE - CALZONE

Zutaten für den Belag:

- 100 g Mais (Dose)
- 60 g Mozzarellakäse, gerieben
- 2 Tomaten, klein gewürfelt
- 2 Zwiebeln, klein gewürfelt
- 1 Knoblauchzehe, gehackt
- 1 grüne Paprika, gewürfelt
- 2 EL Sonnenblumenöl
- 2 EL Hüttenkäse
- 3 TL Tomatenketchup
- 1 TL Chiliflocken
- 1 TL Basilikum, getrocknet
- 1 Eigelb

Herstellung

6 Grillbriketts durchglühen lassen und kreisförmig unter den umgedrehten Deckel eines 14“- Dutch Ovens packen. Dann das Sonnenblumenöl darin erhitzen, den Knoblauch und die Zwiebeln kurz anschmoren, den Mais, die Paprika sowie die Tomaten zugeben und alles 2 Minuten erhitzen. Danach den Ketchup, die Chiliflocken und das Basilikum einrühren und zum Schluss den Hüttenkäse unterrühren.

Einen Pizzagrundteig wie auf Seite 83 beschrieben herstellen, auf ein rundes Pizzablech mit 28cm Durchmesser legen und die abgekühlte Käse - Gemüse - Füllung auf einer Hälfte des Teigs verteilen. Dann den Mozzarellakäse darüber streuen, die zweite Teighälfte darüber klappen und die äußeren Teigränder mit einer Gabel zusammendrücken. Dann wird die Teigoberfläche mit dem zuvor verquirlten Eigelb bepinselt und die Calzone im 14“- Dutch Oven mit 15 Grillbriketts darunter und 22 Briketts auf dem Deckel ca. 30 - 40 Minuten gebacken.

KUCHEN

Kuchen sind süße oder herzhafte Backwaren, deren Füllungen und/oder Beläge mitgebacken werden.

Kuchenteige bestehen aus Mehl, Eiern, Fett, Flüssigkeit und Triebmitteln.

Zur Geschmacksverfeinerung werden Zucker, Salz oder verschiedene Gewürze zugefügt.

Als Füllungen und Beläge für süße Kuchen können beispielsweise Quark und Pudding, verschiedene Obstsorten sowie Nüsse, Mandeln, Rosinen oder Schokolade zugegeben werden.

Für herzhafte Kuchen eignen sich verschiedene Gemüse-, Fleisch- und Käsesorten

Damit der Kuchen auch gelingt, sollten alle Zutaten und das Backzubehör Zimmertemperatur haben.

Wird Hefe bei der Zubereitung verwendet, muss der Teig anschließend so lange an einem ca. 30°C warmen Ort gehen, bis sich sein Volumen in etwa verdoppelt hat.

Um Zugluft und die Austrocknung des Teigs zu vermeiden, muss die Teigschüssel während dieser Zeit immer mit einem feuchten Tuch bedeckt sein.

APFEL - FRISCHKÄSE - KUCHEN

Zutaten:

- 230 g Zucker
- 190 g Weizenmehl Type 405
- 170 g Frischkäse
- 120 g zerlassene Butter
- 3 Äpfel (Pink Lady)
- 2 mittelgroße Eier
- 1 EL Zitronensaft
- 1 TL Backpulver
- 1 TL Zimt
- 1 Packg. Vanillezucker
- 1 Prise Salz

Herstellung

Die Butter, den Frischkäse, 200g Zucker, den Vanillezucker und Zitronensaft in eine Schüssel geben, mit einem Handmixer schaumig schlagen und dann die Eier nacheinander unterrühren.
In einer zweiten Schüssel das Mehl, Backpulver und Salz vermischen und danach in mehreren Etappen solange mit den „nassen" Zutaten vermengen, bis ein gleichmäßiger Teig entstanden ist.
Die geschälten Äpfel klein würfeln und die restlichen 30g Zucker mit dem Zimt vermischen.
Zwei Drittel der Mischung zu den Apfelwürfeln geben, alles gut vermengen und die Masse unter den Teig heben.
Den Teig dann in eine mit Backpapier ausgeschlagene, 28cm lange gusseiserne Kastenform geben, glatt streichen, die restliche Zucker-Zimt-Mischung darauf verteilen und ca. 50 - 60 Minuten backen.
Da die Form keine Füße besitzt stellt man sie dafür auf einen Stahluntersetzer, legt 5 durchgeglühte Briketts längs darunter und 8 Briketts auf den Deckel.
Während der Backzeit sollten die Briketts auf dem Deckel mindestens zweimal anders angeordnet werden, damit der Kuchen gleichmäßig Farbe bekommt.
Ob er fertig gebacken ist lässt sich optisch an einer schönen goldbraunen Oberfläche erkennen und praktisch durch das Hineinstechen mit einem Holzstäbchen prüfen.
Wenn beim Herausziehen Teigreste am Stäbchen hängen bleiben, muss er noch etwas weiterbacken.
Ist das Holz sauber, kann der Apfel - Frischkäse - Kuchen nach dem Abkühlen verzehrt werden.

BANANENKUCHEN MIT CRANBERRIES

Zutaten:

▪ 350	g	reife Bananen	▪ 2		mittelgroße Eier
▪ 180	g	Weizenmehl Type 405	▪ 1 ½	TL	Backpulver
▪ 160	g	Brauner Rohrzucker	▪ 1	TL	Zimt
▪ 100	g	getrocknete Cranberry	▪ 1	TL	Salz
▪ 100	g	zerlassene Butter			

Herstellung

Die Eier, Butter und den Rohrzucker in eine Schüssel geben und mit dem Handmixer schaumig schlagen. Dann die Bananen in kleine Stücke schneiden und mit dem Zimt dazu geben. In einer zweiten Schüssel das Mehl, Backpulver und Salz vermischen und danach in mehreren Etappen solange mit den „nassen" Zutaten vermengen, bis ein gleichmäßiger Teig entstanden ist. Danach werden die Cranberries untergehoben, der Teig in eine mit Backpapier ausgeschlagene, 28 cm lange gusseiserne Kastenform gegeben und ca. 50 - 60 Minuten gebacken.
Da die Form keine Füße besitzt stellt man sie dafür auf einen Stahluntersetzer, legt 5 durchgeglühte Briketts längs darunter und 8 Briketts auf den Deckel.
Während der Backzeit sollten die Briketts auf dem Deckel mindestens zweimal anders angeordnet werden, damit der Kuchen gleichmäßig Farbe bekommt.
Ob er fertig gebacken ist lässt sich optisch an einer schönen goldbraunen Oberfläche erkennen und praktisch durch das Hineinstechen mit einem Holzstäbchen prüfen. Wenn beim Herausziehen Teigreste am Stäbchen hängen bleiben, muss er noch etwas weiterbacken. Ist das Holz sauber, kann der Bananenkuchen nach dem Abkühlen verzehrt werden.

CRANBERRY - SCHOKOKUCHEN

Zutaten:

- 220 g Weizenmehl Type 405
- 200 g getrocknete Cranberries
- 200 g zerlassene Butter
- 200 g Zucker
- 100 g Schokolade, zartbitter
- 30 g Stärkemehl
- 3 EL Kakaopulver
- 1 Packg. Vanillezucker
- 1 Packg. Backpulver
- 4 mittelgroße Eier
- 1 Prise Salz
- etwas Puderzucker

Herstellung

Die Eier, Butter, den Zucker und Vanillezucker in eine Schüssel geben und mit einem Handmixer schaumig schlagen
In einer zweiten Schüssel das Mehl, Stärkemehl, Kakaopulver, Backpulver sowie eine Prise Salz vermischen und danach in mehreren Etappen solange mit den „nassen" Zutaten vermengen, bis ein gleichmäßiger Teig entstanden ist. Zum Schluss werden die Cranberries und die gehackte Schokolade untergehoben, der Teig in eine flache Kuchenform gefüllt und die Form in einen 12"-Dutch Oven gestellt. Zeitgleich lässt man 18 Grillbriketts durchglühen, richtet mit 6 Stück kreisförmig eine Feuerstelle ein und stellt den Dutch Oven darauf. Dann wird er mit dem Deckel verschlossen, die restlichen 12 Briketts unregelmäßig darauf verteilt und der Cranberry - Schokokuchen ca. 50 - 60 Minuten gebacken. Während der Backzeit muss der Deckel mit den Briketts mindestens zweimal um 90 Grad gedreht werden, damit der Kuchen gleichmäßig Hitze bekommt. Er ist fertig gebacken, wenn er eine schöne dunkelbraune Oberfläche bekommen hat und beim Hineinstechen mit einem Holzstäbchen keine Teigreste am Holz hängen bleiben. Nach dem Abkühlen wird der Kuchen mit Puderzucker bestreut und kann dann verzehrt werden.

KOKOSKUCHEN

Zutaten:

- 280 g Weizenmehl Type 405
- 160 g zerlassene Butter
- 160 g Kokosraspeln
- 160 g Zucker
- 250 ml Milch
- 1 Packg. Vanillezucker
- 1 Packg. Backpulver
- 3 mittelgroße Eier
- 1 Prise Salz
- etwas Puderzucker

Herstellung

Die Eier, Butter, Milch, den Zucker und Vanillezucker in eine Schüssel geben und mit einem Handmixer schaumig schlagen
In einer zweiten Schüssel das Mehl, Backpulver und eine Prise Salz vermischen und danach in mehreren Etappen solange mit den „nassen" Zutaten vermengen, bis ein gleichmäßiger Teig entstanden ist. Zum Schluss werden die Kokosraspeln untergehoben und der Teig in einen mit Backpapier ausgeschlagenen 12"-Dutch Oven gefüllt.
Zeitgleich lässt man 18 Grillbriketts durchglühen, richtet mit 6 Stück kreisförmig eine Feuerstelle ein und stellt den Dutch Oven darauf.
Dann wird er mit dem Deckel verschlossen, die restlichen 12 Briketts unregelmäßig darauf verteilt und der Kokoskuchen ca. 50 - 60 Minuten gebacken.
Während der Backzeit muss der Deckel mit den Briketts mindestens zweimal um 90 Grad gedreht werden, damit der Kuchen gleichmäßig Hitze bekommt.
Er ist fertig gebacken, wenn er eine schöne goldbraune Oberfläche bekommen hat und beim Hineinstechen mit einem Holzstäbchen keine Teigreste am Holz hängen bleiben. Nach dem Abkühlen wird der Kokoskuchen mit Puderzucker bestreut und kann dann verzehrt werden.

SCHOKOLIKÖRKUCHEN MIT MANDELN

Zutaten:

▪ 200	g	Weizenmehl Type 405	▪ 50	g	Speisestärke
▪ 200	g	zerlassene Butter	▪ 1		Packg. Vanillezucker
▪ 180	g	Zucker	▪ ½		Packg. Backpulver
▪ 150	g	gehackte Mandeln	▪ 3		Eier
▪ 60	g	Schokolikör	▪ 1		Prise Salz

Zutaten für die Glasur:

▪ 70	g	Puderzucker	▪ 20	g	Schokolikör

Herstellung

Die Butter, den Zucker, Vanillezucker und 60g Schokolikör in eine Schüssel geben, mit einem Handmixer schaumig schlagen und dann die Eier nacheinander unterrühren.
In einer zweiten Schüssel das Mehl, Backpulver, Salz sowie die Speisestärke vermischen und danach in mehreren Etappen solange mit den „nassen“ Zutaten vermengen, bis ein gleichmäßiger Teig entstanden ist.
Zum Schluss werden 100g der gehackten Mandeln untergehoben.
Den Teig dann in eine mit Backpapier ausgeschlagene, 28cm lange gusseiserne Kastenform geben, glatt streichen, die restlichen gehackten Mandeln darauf verteilen und ca. 50 - 60 Minuten backen.
Da die Form keine Füße besitzt stellt man sie dafür auf einen Stahluntersetzer, legt 5 durchgeglühte Briketts längs darunter und 8 Briketts auf den Deckel.
Während der Backzeit sollten die Briketts auf dem Deckel mindestens zweimal anders angeordnet werden, damit der Kuchen gleichmäßig Farbe bekommt.
Ob er fertig gebacken ist lässt sich optisch an einer schönen goldbraunen Oberfläche erkennen und praktisch durch das Hineinstechen mit einem Holzstäbchen prüfen.
Wenn beim Herausziehen Teigreste am Stäbchen hängen bleiben, muss er noch etwas weiterbacken.
Ist das Holz sauber, kann der Schokolikörkuchen zum Abkühlen aus der Form genommen werden.
Wenn er komplett erkaltet ist, verrührt man die Zutaten für die Glasur gut miteinander und bepinselt die Oberfläche des Kuchens damit.

GEMISCHTER BEERENKUCHEN

Zutaten für den Boden:

- 280 g Weizenmehl (Type 405)
- 160 g zerlassene Butter
- 100 g Zucker
- 1 TL Backpulver
- 1 mittelgroßes Ei

Zutaten für den Belag:

- 600 g gemischte Beeren (tiefgekühlt)
- 70 g Saure Sahne
- 50 g Zucker
- 1 TL Vanillezucker

Herstellung

Die Butter, das Ei und den Zucker in eine Schüssel geben und mit dem Handmixer schaumig schlagen. In einer zweiten Schüssel das Mehl mit dem Backpulver vermischen und dann in mehreren Etappen mit den „nassen" Zutaten vermengen. Wenn ein gleichmäßiger Teig entstanden ist wird er in einen mit Backpapier ausgeschlagenen 12"- Dutch Oven gefüllt. Danach werden alle Zutaten für den Belag miteinander vermischt und auf dem Teig verteilt. Zeitgleich lässt man 18 Grillbriketts durchglühen, richtet mit 6 Stück kreisförmig eine Feuerstelle ein und stellt den Dutch Oven darauf.
Dann wird er mit dem Deckel verschlossen, die restlichen 12 Briketts unregelmäßig darauf verteilt und der Beerenkuchen ca. 50 - 60 Minuten gebacken. Während der Backzeit muss der Deckel mit den Briketts mindestens zweimal um 90 Grad gedreht werden, damit der Kuchen gleichmäßig Hitze bekommt. Er ist fertig gebacken, wenn der Belag etwas fest geworden ist und beim seitlichen Hineinstechen in den Boden mit einem Holzstäbchen keine Teigreste am Holz hängen bleiben. Nach dem Abkühlen kann er dann verzehrt werden.

MANDARINEN - KOKOS - KUCHEN

Zutaten für den Boden:

- 250 g Weizenmehl (Type 405)
- 130 g Butter
- 80 g Zucker
- 1 Packung Vanillezucker
- 1 mittelgroßes Ei
- 2 TL Backpulver

Zutaten für den Belag:

- 500 ml Milch
- 100 g Mandelstifte
- 80 g Zucker
- 50 g Bratmargarine
- 1 Packg. Backfeste Puddingcreme
- 6 EL Süße Sahne
- 50 g Kokosraspeln
- 50 g Kokoschips
- 1 große Dose Mandarinen

Herstellung

Alle Zutaten für den Boden in eine Schüssel geben, zu einem gleichmäßigen Teig verkneten, in einen zuvor mit Backpapier ausgelegten 12“- Dutch Oven füllen und glatt streichen. Danach die vorher gut in einem Sieb abgetropften Mandarinen auf dem Boden verteilen. Dann die Milch und die Backfeste Puddingcreme mit einem Schneebesen verrühren und über die Mandarinen gießen. Mit 6 durchgeglühten Grillbriketts kreisförmig eine Feuerstelle einrichten, den Deckel des Dutch Oven umgedreht als Pfanne darauf stellen und die Bratmargarine erhitzen. Danach gibt man zuerst 80g Zucker in die Pfanne, dann die Süße Sahne und zum Schluss die Mandelstifte. Sobald die Masse etwas angedünstet ist, wird sie auf der Puddingcreme verteilt

Zeitgleich lässt man 20 Grillbriketts durchglühen, richtet mit 8 Stück kreisförmig eine neue Feuerstelle ein und stellt den Dutch Oven darauf.

Dann wird er mit dem Deckel verschlossen, die restlichen 12 Briketts unregelmäßig darauf verteilt und der Kuchen ca. 40 Minuten gebacken.

Danach streut man die Kokosraspeln und Kokoschips darauf und backt ihn noch ungefähr 20 Minuten weiter.

Während der Backzeit muss der Deckel mit den Briketts mindestens zweimal um 90 Grad gedreht werden, damit der Kuchen gleichmäßig Farbe bekommt.

Ob er fertig gebacken ist lässt sich optisch an einer schönen goldbraunen Oberfläche erkennen und praktisch ganz einfachen testen, indem man vorsichtig mit einem Holzstäbchen in den Teig hinein sticht.

Bleiben beim Herausziehen Teigreste am Stäbchen hängen, muss er noch etwas weiterbacken. Wenn das Holz sauber ist, kann der Mandarinen-Kokos-Kuchen nach dem Abkühlen verzehrt werden.

OREO - KÄSEKUCHEN

Zutaten für den Boden:

- 24 komplette Oreo-Kekse
- 50 g zerlassene Butter

Zutaten für den Belag:

- 750 g Speisequark 40%
- 300 g Frischkäse
- 120 g Zucker
- 100 g Mandeln, fein gemahlen
- 16 Oreo-Keks-Hälften
- 3 mittelgroße Eier
- 1 Packg. Vanillezucker

Herstellung

24 komplette Oreo-Kekse in einen Gefrierbeutel legen, den Beutel mit einem Clip verschließen und die Kekse mit Hilfe eines Fleischklopfers oder kleinen Hammers vorsichtig zerkleinern.
Die Keksbrösel in einer Schüssel gut mit der Butter verkneten und den Keksteig danach so fest in einen zuvor mit Backpapier ausgelegten 12"- Dutch Oven hinein drücken, dass er einen ebenen Boden ergibt.
In einer zweiten Schüssel den Speisequark, Frischkäse, Zucker, Vanillezucker sowie die Mandeln mit einem Handmixer gut vermengen und die Eier nacheinander unterrühren.
Die Masse dann gleichmäßig auf dem Keksboden verteilen und auf die Kuchenoberfläche kreisförmig die 16 Oreo-Keks-Hälften legen.
Zeitgleich lässt man 24 Grillbriketts durchglühen, richtet mit 8 Stück kreisförmig eine Feuerstelle ein und stellt den Dutch Oven darauf.
Dann wird der Dutch Oven mit dem Deckel verschlossen, die restlichen 16 Briketts unregelmäßig darauf verteilt und der Oreo - Käsekuchen ca. 45 - 50 Minuten gebacken.
Während dieser Zeit muss der Deckel mit den Briketts mindestens zweimal um 90 Grad gedreht werden, damit der Kuchen gleichmäßig Farbe bekommt.
Ob er fertig gebacken ist lässt sich optisch an einer schönen goldbraunen Oberfläche erkennen.
Außerdem sollte der Keksboden schön mürbe und der Quarkbelag mittelfest geworden sein.

CHEESECAKE

Zutaten für den Boden:

- 200 g Butterkekse
- 75 g zerlassene Butter
- 2 EL Zucker
- 1 Packung Vanillezucker

Zutaten für den Belag:

- 500 g Magerquark
- 200 g Naturjoghurt
- 125 g Zucker
- 6 mittelgroße Eier
- 1 kleine Dose Mandarinen
- 1 Prise Salz

Herstellung

Die Butterkekse portionsweise in einen Gefrierbeutel legen.
Den Beutel mit einem Clip verschließen und die Kekse mit Hilfe eines Fleischklopfers oder kleinen Hammers vorsichtig zerkleinern.
Die Keksbrösel dann zusammen mit 2 Esslöffel Zucker, dem Vanillezucker und der Butter in eine Schüssel geben und alles gut miteinander verkneten.
Danach einen 12"- Dutch Oven mit Backpapier auslegen und den Keksteig so fest hineindrücken, dass er einen ebenen Boden ergibt.
Die Eier trennen. Das Eiweiß zur Seite stellen, die Eigelb in eine zweite Schüssel geben und mit 125g Zucker, Magerquark, Naturjoghurt sowie einer Prise Salz zu einer einheitlichen Masse mixen.
Dann das Eiweiß steif schlagen, zusammen mit den abgetropften Mandarinen unterheben und die Masse gleichmäßig auf dem Keksboden verteilen.
Zeitgleich lässt man 24 Grillbriketts durchglühen, richtet mit 8 Stück kreisförmig eine Feuerstelle ein und stellt den Dutch Oven darauf.
Dann wird er mit dem Deckel verschlossen, die restlichen 16 Briketts unregelmäßig darauf verteilt und der Cheesecake ca. 45 - 50 Minuten gebacken.
Während dieser Zeit muss der Deckel mit den Briketts mindestens zweimal um 90 Grad gedreht werden, damit der Kuchen gleichmäßig Farbe bekommt.
Der Kuchen ist fertig gebacken, wenn er eine schöne goldbraune Oberfläche bekommen hat, der Keksboden schön mürbe und der Quarkbelag etwas fester geworden ist.

Den Keksboden schön festdrücken.

Den Belag darauf verteilen.

Der fertige Cheesecake.

MARZIPAN - QUARK - STOLLEN

Zutaten für die Stolle:

▪ 500	g	Weizenmehl (Type 405)	▪ 1	TL	Orangenschale, gerieben
▪ 350	g	Sultaninen	▪ 1	TL	Zimt, gemahlen
▪ 250	g	Magerquark	▪ 1		Packg. Vanillezucker
▪ 200	g	Marzipan-Rohmasse	▪ 1		Packg. Backpulver
▪ 200	g	Zucker	▪ ½		Flasche Rumaroma
▪ 180	g	weiche Butter	▪ 1		Prise Kardamom
▪ 150	g	gemahlene Mandeln	▪ 1		Prise Muskat
▪ 50	g	Orangeat	▪ 1		Prise Salz
▪ 50	g	Zitronat	▪ 2		mittelgroße Eier

Zutaten für die Glasur:

▪ 80	g	zerlassene Butter	▪		etwas Puderzucker

Herstellung

Alle Zutaten, außer den Sultaninen, Orangeat, Zitronat und Marzipan, in eine Schüssel geben und mit einem Handmixer zu einem gleichmäßigen Teig verkneten. Dann die Sultaninen, das Orangeat und Zitronat kurz per Hand untermengen und den Teig auf einer bemehlten Arbeitsfläche mit den Handflächen zu einem ca. 40x30cm großen Rechteck drücken.
Die Marzipan-Rohmasse zu einer Rolle mit ca. 40cm Länge formen und auf das rechte Drittel des Teigs legen. Danach erst die schmalere rechte Längsseite des Teigs darüber schlagen, dann die anderen zwei Teigdrittel aufrollen und gegen das umgeklappte Drittel drücken. Zum Schluss wird alles mit bemehlten Händen noch etwas nachgeformt und angedrückt. Dadurch erhält die Stolle beim späteren Backen ihre typische Form. Zeitgleich lässt man 18 Briketts durchglühen und richtet mit 6 Stück kreisförmig eine Feuerstelle ein.
Dann packt man den Stollenteigling in einen mit Backpapier ausgeschlagenen 12“- Dutch Oven, stellt ihn auf die Feuerstelle, verschließt ihn mit dem Deckel und verteilt die restlichen 12 Briketts unregelmäßig darauf.
Die anschließende Backzeit beträgt ca. 50 - 60 Minuten. Während dieser Zeit muss der Deckel mit den Briketts mindestens zweimal um 90 Grad gedreht werden, damit die Stolle gleichmäßig Hitze bekommt. Sie ist fertig gebacken, wenn beim Hineinstechen mit einem Holzstäbchen keine Teigreste am Holz hängen bleiben. Nach dem Abkühlen wird die Stolle mit der zerlassenen Butter bepinselt und dem Puderzucker bestreut. Dann kann sie verzehrt werden.

NOUGAT - STOLLEN

Zutaten für die Stolle:

- 500 g Weizenmehl (Type 405)
- 250 g Magerquark
- 200 g Nuss-Nougat zum Backen
- 180 g weiche Butter
- 130 g Zucker
- 100 g Haselnüsse, gehackt
- 1 EL Amaretto-Likör
- 1 Packg. Vanillezucker
- 1 Packg. Backpulver
- 1 Prise Salz
- 2 mittelgroße Eier

Herstellung

Alle Zutaten, außer dem Nuss-Nougat und den Haselnüssen in eine Schüssel geben und mit einem Handmixer zu einem gleichmäßigen Teig verkneten.
Dann den Teig auf einer bemehlten Arbeitsfläche mit den Handflächen zu einem ca. 40x40cm großen Quadrat drücken, den in Stücke geschnittenen Nougat darauf verteilen und die gehackten Haselnüsse darüber streuen.
Danach erst die rechte Teigseite bis zur Mitte umklappen, dann die linke Seite darüber schlagen und die überlappenden Enden etwas fest drücken.
Zeitgleich lässt man 18 Grillbriketts durchglühen und richtet mit 6 Stück kreisförmig eine Feuerstelle ein. Dann packt man den Teigling in einen mit Backpapier ausgeschlagenen 12“-Dutch Oven, stellt ihn auf die Feuerstelle, verschließt ihn mit dem Deckel und verteilt die restlichen 12 Briketts unregelmäßig darauf. Die anschließende Backzeit beträgt ca. 50 - 60 Minuten. Während dieser Zeit muss der Deckel mit den Grillbriketts mindestens zweimal um 90 Grad gedreht werden, damit die Stolle gleichmäßig Hitze bekommt. Sie ist fertig gebacken, wenn beim Hineinstechen mit einem Holzstäbchen keine Teigreste am Holz hängen bleiben. Nach dem Abkühlen wird die Stolle mit zerlassenen Butter bepinselt und mit Puderzucker bestreut. Dann kann sie verzehrt werden.

KIRSCH - WALLNUSS - SCHNECKEN

Zutaten für den Teig:

- 500 g Weizenmehl (Type 405)
- 250 ml lauwarme Milch
- 80 g Butter
- 7,0 g Trockenhefe (1Tüte)
- 1 Packg. Vanillepuddingpulver
- 2 TL Zucker
- 1 Packg. Vanillezucker
- 1 mittelgroßes Ei
- 1 Prise Salz

Zutaten für die Füllung und den Zuckerguss:

- 250 g Puderzucker
- 80 g gehackte Wallnüsse
- ¾ Glas Schattenmorellen
- 4 EL kaltes Wasser
- Sauerkirschmarmelade

Herstellung

Alle Zutaten für den Teig in eine Schüssel geben und zu einem gleichmäßigen Teig verkneten.
Den Teig dann mit einem Geschirrhandtuch abdecken und ca. 60 Minuten an einem warmen Ort gehen lassen. Wenn sich sein Volumen in etwa verdoppelt hat wird er auf einer mit Mehl bestreuten Arbeitsfläche ca. 1cm dünn ausgerollt, mit Sauerkirschmarmelade bestrichen und darauf die Wallnüsse gestreut.
Anschließend legt man die in einem Sieb gut abgetropften Schattenmorellen in die Mitte des Teigs und rollt ihn wie eine Roulade zusammen.
Dann schneidet man aus der Teigrolle 12 gleichgroße Teile, packt sie „sonnenförmig" in einen mit Backpapier ausgelegten 12"- Dutch Oven und lässt sie noch weitere 20 Minuten gehen.
Zeitgleich lässt man 24 Grillbriketts durchglühen, richtet mit 8 Stück kreisförmig eine Feuerstelle ein und stellt den Dutch Oven darauf.
Danach wird er mit dem Deckel verschlossen, die restlichen 16 Briketts unregelmäßig darauf verteilt und die Schnecken ca. 30 - 40 Minuten gebacken.
Während der Backzeit muss der Deckel mit den Briketts mindestens zweimal um 90 Grad gedreht werden, damit die Schnecken gleichmäßig Farbe erhalten.
Ob sie fertig gebacken sind lässt sich optisch an einer schönen goldbraunen Oberfläche erkennen und praktisch ganz einfachen testen, indem man vorsichtig mit einem Holzstäbchen in den Teig hinein sticht. Bleiben beim Herausziehen Teigreste am Stäbchen hängen, müssen sie noch weiterbacken.
Wenn die Schnecken fertig gebacken sind, werden sie nach dem Abkühlen mit dem im kalten Wasser verrührten Puderzucker bepinselt.
Sobald der Zuckerguss fest geworden ist, können sie verzehrt werden.

ZIMTSCHNECKEN MIT ROSINEN

Zutaten für den Teig:

- 500 g Weizenmehl (Type 405)
- 100 g Zucker
- 80 g weiche Butter
- 300 ml lauwarme Milch
- ½ TL Salz
- 1 Würfel frische Hefe
- 1 mittelgroßes Ei

Zutaten für die Füllung und den Guss:

- 100 g Zucker
- 80 g Rosinen
- 50 g Puderzucker
- 50 g zerlassene Butter
- 10 g Zimt, gemahlen
- 3 EL Zitronensaft
- 1 EL Frischkäse

Herstellung

Das Mehl in eine Schüssel geben, in die Mitte eine Mulde drücken, die zerkrümelte Hefe sowie 1 EL von den 100g Zucker hineinfüllen und die Mulde mit Mehl bedecken. Nach ca. 10 Minuten die restlichen Zutaten für den Grundteig dazu geben, alles zu einem gleichmäßigen Teig verkneten und den Teig dann mit einem Geschirrhandtuch abgedeckt ca. 60 Minuten an einem warmen Ort gehen lassen. Wenn sich sein Volumen in etwa verdoppelt hat wird er auf einer mit Mehl bestreuten Arbeitsfläche ca. 1cm dünn ausgerollt und mit der zuvor zerlassenen Butter bepinselt.
Dann bestreut man den Teig mit dem zuvor vermischten Zucker und Zimt, verteilt die Rosinen darüber und rollt ihn wie eine Roulade zusammen. Danach schneidet man aus der Teigrolle 12 gleichgroße Teile, packt sie sonnenförmig" in einen mit Backpapier ausgelegten 12"- Dutch Oven und lässt sie noch weitere 20 Minuten gehen. Zeitgleich lässt man 24 Briketts durchglühen, richtet mit 8 Stück kreisförmig eine Feuerstelle ein und stellt den Dutch Oven darauf. Danach wird er mit dem Deckel verschlossen, die restlichen 16 Briketts unregelmäßig darauf verteilt und die Schnecken ca. 30 - 40 Minuten gebacken.
10 Minuten vor Ende der Backzeit vermischt man den Puderzucker, Frischkäse und Zitronensaft miteinander und bestreicht die Schnecken damit.
Während der Backzeit muss der Deckel mit den Briketts mindestens zweimal um 90 Grad gedreht werden, damit die Schnecken gleichmäßig Farbe erhalten.
Sie sind fertig gebacken, wenn sie eine schöne goldbraune Farbe bekommen haben und beim Hineinstechen mit einem Holzstäbchen keine Teigreste am Holz hängen bleiben.
Nach dem Abkühlen können die Zimtschnecken dann verzehrt werden.

HEFESCHNECKEN MIT SCHINKEN UND TOMATEN

Zutaten für den Teig:

- 450 g Weizenmehl (Type 405)
- 250 ml lauwarmes Wasser
- 10,5 g Trockenhefe (1 ½ Tüten)
- 1 EL Sonnenblumenöl
- ½ TL Zucker
- ½ TL Salz

Zutaten für die Füllung:

- 250 g Kochschinkenwürfel
- 150 g passierte Tomaten
- 100 g geschälte Tomaten, gehackt
- 100 g Goudakäse, gerieben
- 1 TL Basilikum, getrocknet

Herstellung

Alle Zutaten für den Teig in eine Schüssel geben und zu einem gleichmäßigen Teig verkneten. Den Teig dann mit einem Geschirrhandtuch abdecken und ca. 60 Minuten an einem warmen Ort gehen lassen. Wenn sich sein Volumen in etwa verdoppelt hat wird er auf einer mit Mehl bestreuten Arbeitsfläche ca. 1cm dünn ausgerollt, mit den passierten Tomaten bestrichen und die restlichen Zutaten für die Füllung darauf verteilt. Dann rollt man ihn zusammen wie eine Roulade, schneidet aus der Teigrolle 12 gleichgroße Teile, packt sie sonnenförmig" in einen mit Backpapier ausgelegten 12"- Dutch Oven und lässt sie noch weitere 20 Minuten gehen. Zeitgleich lässt man 24 Briketts durchglühen, richtet mit 8 Stück kreisförmig eine Feuerstelle ein und stellt den Dutch Oven darauf. Danach wird er mit dem Deckel verschlossen, die restlichen 16 Briketts unregelmäßig darauf verteilt und die Schnecken ca. 30 - 40 Minuten gebacken. Zur gleichmäßigen Bräunung muss der Deckel in dieser Zeit mindestens zweimal um 90 Grad gedreht werden. Sie sind fertig gebacken, wenn sie eine schöne goldbraune Farbe bekommen haben und beim Hineinstechen mit einem Holzstäbchen keine Teigreste am Holz hängen bleiben.

HÄHNCHEN - BROCCOLI - KUCHEN

Zutaten:

- 500 g Hähnchenbrustfilet
- 500 g Broccoli-Röschen
- 200 g Emmentaler Käse, gerieben
- 200 g Creme fraiche
- 200 g Kräuter-Frischkäse
- 1 Packg. Blätterteig (Kühlregal)
- 2 mittelgroße Eier
- 1 mittelgroße Zwiebel
- Muskat und Paprika
- Salz und Pfeffer

Herstellung

Einen 12"- Dutch Oven mit Backpapier ausschlagen und die einzelnen Blätterteigscheiben so darin auslegen, dass sie den Rand des Topfes überlappen.
Das Hähnchenbrustfilet in dünne Streifen schneiden und mit Pfeffer, Salz und edelsüßen Paprika würzen.
Die Broccoli-Röschen ca. 5 Minuten vorkochen.
Dann beides in eine Schüssel geben und die Creme fraiche, den Frischkäse, die Eier sowie die klein gewürfelte Zwiebel zufügen.
Danach alles gut miteinander vermischen, dabei kräftig mit Salz, Pfeffer sowie Muskat abschmecken und die Masse auf dem Blätterteig verteilen.
Anschließend wird der geriebenen Emmentaler darauf gestreut und die Blätterteigscheiben so darüber zusammengeklappt, dass sich ihre Enden berühren.
Zeitgleich lässt man 20 Grillbriketts durchglühen, richtet mit 6 Stück kreisförmig eine Feuerstelle ein und stellt den Dutch Oven darauf.
Dann wird er mit dem Deckel verschlossen und die restlichen 14 Briketts unregelmäßig darauf verteilt.
Die anschließende Backzeit beträgt ca. 50 - 60 Minuten.
Damit der Hähnchen-Broccoli-Kuchen gleichmäßig Hitze bekommt muss der Deckel mit den Grillbriketts während dieser Zeit mindestens zweimal um 90 Grad gedreht werden.
Er ist fertig gebacken, wenn der Blätterteig eine schöne goldgelbe Farbe angenommen hat und sollte dann heiß verzehrt werden.

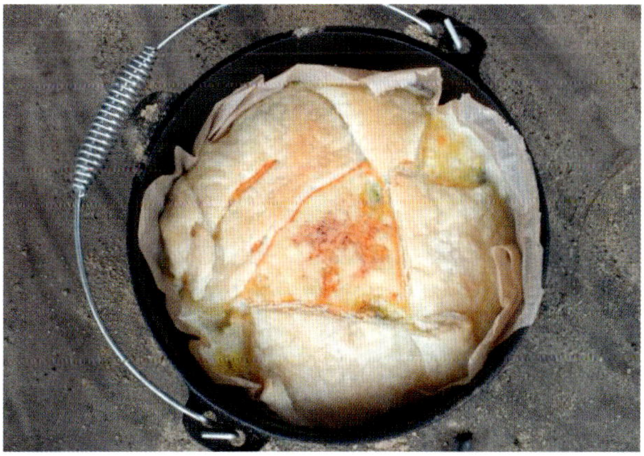

HACKFLEISCH - GEMÜSE - KUCHEN

Zutaten:

- 400 g Hackfleisch vom Schwein
- 400 g Hackfleisch vom Rind
- 100 g Emmentaler Käse, gerieben
- 3 frische Champignons
- 1 Dose geschälte Tomaten
- 1 Packg. Blätterteig (Kühlregal)
- 1 rote Paprikaschote
- 1 kleine Zucchini
- 1 mittelgroße Zwiebel
- 1 Eigelb
- Salz und Pfeffer
- Sonnenblumenöl

Herstellung

Mit 6 durchgeglühten Grillbriketts kreisförmig eine Feuerstelle einrichten, einen 12“- Dutch Oven darauf stellen und 2-3 Esslöffel Sonnenblumenöl darin erhitzen.
Das Hackfleisch mit Salz und Pfeffer würzen, zusammen mit dem Eigelb gut vermengen und darin anbraten.
Die vom Gehäuse befreite Paprika und Zwiebel klein würfeln, die geputzten Champignons sowie die Zucchini in Scheiben schneiden, zum Hackfleisch geben und kräftig mit anschmoren.
Dann die geschälten Tomaten samt Flüssigkeit zugeben, alles ca. 15 Minuten einköcheln lassen und dabei mit Salz und Pfeffer abschmecken.
In der Zwischenzeit einen zweiten 12“- Dutch Oven mit Backpapier ausschlagen und die einzelnen Blätterteigscheiben so darin auslegen, dass sie den Rand des Topfes überlappen.
Nach Ablauf der 15 Minuten die Masse auf dem Blätterteig verteilen, den Käse darauf streuen und die Blätterteigscheiben so darüber zusammenklappen, dass sich ihre Enden berühren.
Zeitgleich lässt man 20 Grillbriketts durchglühen, richtet mit 6 Stück kreisförmig eine neue Feuerstelle ein und stellt den Dutch Oven darauf.
Dann wird er mit dem Deckel verschlossen und die restlichen 14 Briketts unregelmäßig darauf verteilt.
Die anschließende Backzeit beträgt ca. 50 - 60 Minuten.
Damit der Hackfleisch-Gemüse-Kuchen gleichmäßig Hitze bekommt muss der Deckel mit den Grillbriketts während dieser Zeit mindestens zweimal um 90 Grad gedreht werden.
Er ist fertig gebacken, wenn der Blätterteig eine schöne goldgelbe Farbe angenommen hat und sollte dann heiß verzehrt werden.

TOMATEN - MOZZARELLA - KUCHEN

Zutaten für den Teig:

- 400 g Weizenmehl (Type 405)
- 100 ml lauwarme Milch
- 2 EL Sonnenblumenöl
- 2 mittelgroße Eier
- 2 EL frische Petersilie
- 1 TL Fleischbrühe (Instant)
- 1 Packg. Backpulver

Zutaten für die Füllung:

- 200 g Mozzarella, gewürfelt
- 6 geschälte Tomaten
- 1 EL Olivenöl
- 1 TL Oregano, getrocknet

Herstellung

Milch, Eier, Sonnenblumenöl und Fleischbrühe in einer Schüssel gut miteinander vermixen.
Anschließend das Backpulver, die gehackte Petersilie und in mehreren Etappen das Mehl zugeben und alles solange mit dem Handmixer vermengen, bis ein gleichmäßiger Teig entstanden ist.
Dann die Hälfte des Teigs so in einem mit Backpapier ausgeschlagenen 12“-Dutch Oven verteilen, dass der Boden vollständig bedeckt ist.
Danach die Zutaten für die Füllung miteinander vermischen, auf den Teigboden geben und dann alles mit der zweiten Hälfte des Teigs bedecken.
Zeitgleich lässt man 20 Grillbriketts durchglühen, richtet mit 6 Stück kreisförmig eine Feuerstelle ein und stellt den Dutch Oven darauf.
Dann wird er mit dem Deckel verschlossen und die restlichen 14 Briketts unregelmäßig darauf verteilt.
Die anschließende Backzeit beträgt ca. 50 - 60 Minuten.
Während dieser Zeit muss der Deckel mit den Grillbriketts mindestens zweimal um 90 Grad gedreht werden, damit der Tomaten-Mozzarella-Kuchen gleichmäßig Hitze bekommt.
Der Kuchen ist fertig gebacken, wenn der Teig eine schöne goldgelbe Farbe angenommen hat und beim Hineinstechen mit einem Holzstäbchen keine Teigreste am Holz hängen bleiben.
Er sollte dann heiß verzehrt werden.

AMERIKANISCHES MAISBROT

Zutaten:

- 400 g Mais (Konserve)
- 300 ml Naturjoghurt
- 200 g Baconscheiben
- 150 g Baconwürfel
- 150 g Maismehl
- 100 g Weizenmehl (Type 550)
- 80 g Butter
- 2 mittelgroße Zwiebeln
- 2 mittelgroße Eier
- 1 ½ EL Sonnenblumenöl
- 1 EL Akazienhonig
- 1 ½ TL Backpulver
- ½ TL Natron
- ½ TL Salz

Herstellung

Mit 6 durchgeglühten Grillbriketts kreisförmig eine Feuerstelle einrichten und den Deckel des Dutch Oven umgedreht als Pfanne darauf stellen.
Das Sonnenblumenöl darin erhitzen und die Baconwürfel sowie die geschälten und klein gewürfelten Zwiebeln anbraten.
Das Mais- und Weizenmehl, den Zucker, das Natron und Salz in eine Schüssel füllen und die Zutaten so an den Rand drücken, dass eine Mulde entsteht.
Dann die Eier, den Joghurt und die Milch in die Mulde füllen und alles solange mit einem Mixer verrühren, bis sich die Zutaten miteinander verbunden haben.
Danach werden die geschmolzene Butter, der Honig, der gut abgetropfte Mais sowie die Bacon- und Zwiebelwürfel zugegeben und die Masse solange miteinander vermischt, bis ein geschmeidiger Teig entstanden ist.
Anschließend legt man die Baconscheiben so in einem 12"- Dutch Oven aus, dass der Boden und ein Stück vom Rand bedeckt sind. Dadurch brennt das Maisbrot während der Zubereitung nicht an.
Zeitgleich lässt man 28 Grillbriketts durchglühen, richtet mit 7 Stück kreisförmig eine Feuerstelle ein, stellt den Dutch Oven darauf und füllt den Maisbrotteig hinein.
Dann wird der Topf mit dem Deckel verschlossen, die restlichen 21 Briketts unregelmäßig darauf verteilt und das Amerikanische Maisbrot ca. 40 - 50 Minuten gebacken.
Zur gleichmäßigen Hitzeverteilung im Topf muss der Deckel mit den Briketts während dieser Zeit mindestens zweimal um 90 Grad gedreht werden.

PIES

Als Pies werden süß oder herzhaft gefüllte Kuchen in England und den USA bezeichnet, bei denen entweder nur der Deckel aus Teig besteht oder der Deckel und der Boden.

Sie werden meist in speziellen, flachen Pie-Formen gebacken, die aus antihaftbeschichtetem Eisenblech oder Keramik bestehen

Zum Füllen von Pies eignen sich die verschiedensten Lebensmittel wie z. B. Obst, Pudding, Quark, Fleisch, Gemüse, Käse und Eier.

Um ein optimales Backergebnis zu erzielen, sollten alle Zutaten des Pieteigs möglichst kalt verarbeitet werden.

Butter, Pflanzenfett oder Schmalz kann man zuvor einfrieren und das benötigte Eiswasser stellt man durch die Zugabe von einigen Eiswürfeln zum ohnehin schon kalten Wasser her.

Vor dem Ausrollen muss der Pieteig eine Stunde im Kühlschrank ruhen.

Mit einer Gabel werden dann zum späteren Dampfentweichen mehrere Löcher in den Boden gestochen.

Auch der Teigdeckel benötigt einige dieser „Dampflöcher", die man ebenfalls mit der Gabel oder durch Einschneiden von Kerben herstellen kann.

Wer es optisch schöner mag, stanzt mit Hilfe von Ausstechformen Muster in den Deckel, fertigt ein Teiggitter an oder benutzt geschnittene Teigbänder als Abdeckung.

Ausgestochene Teigteile oder übrig gebliebene Teigbänder können dann später als Verzierung mit verquirltem Eigelb auf dem Deckel verklebt werden.

PIE - GRUNDTEIG MIT SAURER SAHNE

Grundteig mit Saurer Sahne:

- 320 g Weizenmehl (Type 405)
- 140 g kalte Butter
- 120 g Saure Sahne
- 100 g kaltes Schweineschmalz
- 40 g Maisstärke
- 100 ml Eiswasser
- 1 TL Zucker
- 1 TL Salz

Herstellung

Die Butter und das Schweineschmalz klein würfeln oder in dünne Blättchen hobeln und im Kühlschrank kalt stellen.
In das kalte Wasser einige Eiswürfel geben, so dass Eiswasser entsteht.
Das Mehl, den Zucker, die Maisstärke und das Salz in einer Schüssel kurz vermischen.
Dann die kalte Butter, das Schweineschmalz, die Saure Sahne sowie nach und nach das Eiswasser zugeben und alles in einer Küchenmaschine oder mit einem Mixgerät solange vermischen, bis erbsengroße „Krümel“ entstanden sind.
Danach die „Krümel“ auf einer bemehlten Arbeitsfläche per Hand zu einem glatten Teig verkneten.
Dies sollte zügig erfolgen, damit der Teig nicht zu warm wird.
Anschließend teilt man ihn in zwei Portionen, wobei eine Portion einem Drittel und die zweite Portion zwei Dritteln entspricht.
Die beiden Portionen werden dann zu Teigkugeln gerollt, in Klarsichtfolie gewickelt, flach gedrückt und für ca. 1 Stunde in den Kühlschrank gepackt.
Anschließend rollt man sie so aus, wie im nachfolgenden Rezept beschrieben.

PIE - GRUNDTEIG

Grundteig für süße Füllungen:

- 350 g Weizenmehl (Type 405)
- 150 g kalte Butter
- 125 g kaltes Pflanzenfett
- 80 ml Eiswasser
- 2 EL Zucker
- ½ TL Salz

Grundteig für deftige Füllungen:

- 350 g Weizenmehl (Type 405)
- 150 g kalte Butter
- 125 g kaltes Pflanzenfett
- 80 ml Eiswasser
- 2 TL Salz

Herstellung

Die Butter und das Pflanzenfett klein würfeln oder in dünne Blättchen hobeln und im Kühlschrank kalt stellen.
In das kalte Wasser einige Eiswürfel geben, so dass Eiswasser entsteht.
Mehl, Zucker (nur für süße Pies) und Salz in einer Schüssel kurz vermischen. Dann die kalte Butter, das Pflanzenfett sowie nach und nach das Eiswasser zugeben und alles in einer Küchenmaschine oder mit einem Mixgerät solange ververmischen, bis erbsengroße „Krümel“ entstanden sind. Danach die „Krümel“ auf einer bemehlten Arbeitsfläche per Hand zu einem glatten Teig verkneten. Dies sollte zügig erfolgen, damit der Teig nicht zu warm wird.
Anschließend teilt man ihn in zwei Portionen, wobei eine Portion einem Drittel und die zweite Portion zwei Dritteln entspricht.
Die beiden Portionen werden dann zu Teigkugeln gerollt, in Klarsichtfolie gewickelt, flach gedrückt und für ca. 1 Stunde in den Kühlschrank gepackt.
Danach rollt man das größere Teigstück auf einer bemehlten Arbeitsfläche zu einem runden Kreis mit ca. 32cm Ø aus, legt ihn in eine eingefettete Pieform mit 28cm Ø und drückt ihn etwas an. Der überstehende Teig wird später weggeschnitten. Dann kommt die Form mit dem Teig nochmals für ca. 30 Minuten zum Durchkühlen in den Kühlschrank. Danach wird der Boden zum späteren Dampfentweichen mehrmals mit einer Gabel eingestochen, leicht mit Mehl bestäubt und die süße oder deftige Füllung hineingegeben.
Zum Schluss rollt man mit Hilfe des Nudelholzes aus dem restlichen Teig einen runden Deckel mit ca. 30cm Ø, legt ihn auf die Pieform, drückt die Ränder mit den Fingern oder einer Gabel zusammen und entfernt den überstehenden Teig. Auch in den Deckel werden zum späteren Dampfentweichen Löcher hineingestochen oder Muster hineingestanzt.

BLUEBERRY - PIE

Zutaten:

- 1 Grundteig süß
- 700 g Blaubeeren, tiefgekühlt
- 100 g Zucker
- 2 EL Weizenmehl (Type 405)
- 1 EL Zitronensaft
- 1 Ei, getrennt

Herstellung

Einen Pie-Grundteig für süße Füllungen wie auf S. 122 beschrieben herstellen, in eine eingefettete Pieform mit 28cm Ø legen und etwas andrücken. Eventuell überstehender Teig wird später weggeschnitten. Dann kommt die Form mit dem Teig nochmals für ca. 30 Minuten zum Durchkühlen in den Kühlschrank.
In dieser Zeit lässt man 18 Grillbriketts durchglühen, richtet mit 6 Stück kreisförmig eine Feuerstelle ein und stellt einen 14“- Dutch Oven darauf.
Nachdem die Pieform aus dem Kühlschrank geholt wurde sticht man den Boden zum späteren Dampfentweichen mehrmals mit einer Gabel ein, bepinselt ihn mit dem verquirlten Eiweiß und verteilt die zuvor gut mit dem Zucker und Mehl vermischten, tiefgekühlten Blaubeeren darauf. Anschließend wird der Teigdeckel mit ca. 30cm Ø auf die Pieform gelegt, die Ränder mit den Fingern oder einer Gabel zusammengedrückt und evtl. überstehenden Teig entfernt.
In den Deckel schneidet man zum späteren Dampfentweichen sternenförmig 8 ca. 8cm lange Kerben, bepinselt ihn mit dem verquirlten Eigelb und stellt den Blueberry-Pie in den vorgeheizten Dutch Oven. Dann wird er mit dem Deckel verschlossen, die restlichen 12 Briketts unregelmäßig darauf verteilt und der Pie ca. 45 - 50 Minuten gebacken.
Während der Backzeit muss der Deckel mit den Briketts mindestens zweimal um 90 Grad gedreht werden, damit er gleichmäßig Hitze bekommt.
Er ist fertig gebacken, wenn er eine crosse, goldgelbe Farbe angenommen hat und sollte dann möglichst warm verzehrt werden.

STRAWBERRY - PIE

Zutaten:

- 1 Grundteig mit Saurer Sahne
- 900 g Erdbeeren, tiefgekühlt
- 100 g Zucker
- 60 g Speisestärke
- 6 EL Wasser
- 3 EL Zitronensaft
- 1 verquirltes Ei
- etwas Mehl

Herstellung

Einen Pie-Grundteig mit Saurer Sahne wie auf S. 121 beschrieben herstellen, in eine eingefettete Pieform mit 28cm Ø legen, etwas andrücken und die Form mit dem Teig nochmals für ca. 30 Minuten in den Kühlschrank stellen.
In dieser Zeit gibt man die Erdbeeren mit dem Zitronensaft und Zucker in einen Topf, lässt sie unter Rühren kurz aufkochen, mischt die zuvor mit dem Wasser verrührte Speisestärke ein und lässt alles nochmals aufkochen.
Dann lässt man 18 Grillbriketts durchglühen, richtet mit 6 Stück kreisförmig eine Feuerstelle ein und stellt einen 14“- Dutch Oven darauf.
Nachdem die Pieform aus dem Kühlschrank geholt wurde sticht man den Boden mehrmals mit einer Gabel ein, bestäubt ihn mit etwas Mehl und verteilt die abgekühlte Erdbeermasse darauf. Anschließend wird das kleinere Teigstück dünn ausgerollt, daraus mit Hilfe eines Teigrads 8 ca. 3cm breite Streifen geschnitten und diese als Gitter auf die Erdbeerfüllung gelegt. Dann klappt man den Teigrand nach innen über, bepinselt den Gitterdeckel mit dem Ei und stellt den Pie in den vorgeheizten Dutch Oven.
Der Topf wird dann mit dem Deckel verschlossen, die restlichen 12 Briketts unregelmäßig darauf verteilt und der Pie ca. 45 - 50 Minuten gebacken.
Während der Backzeit muss der Deckel mit den Briketts mindestens zweimal um 90 Grad gedreht werden, damit er gleichmäßig Hitze bekommt.
Er ist fertig gebacken, wenn er eine crosse, goldgelbe Farbe angenommen hat und sollte dann möglichst warm verzehrt werden.

PEAR - PIE

Zutaten:

- 1 Grundteig süß
- 900 g frische Birnen, geviertelt
- 80 g Zucker
- 50 g Mandelblättchen
- 2 EL Puddingpulver Vanille
- 2 EL Zitronensaft
- 1 verquirltes Ei
- etwas Mehl

Herstellung

Einen Pie-Grundteig für süße Füllungen wie auf S. 122 beschrieben herstellen, in eine eingefettete Pieform mit 28cm Ø legen, etwas andrücken und die Form mit dem Teig nochmals für ca. 30 Minuten in den Kühlschrank stellen.
In dieser Zeit werden die Birnen in dünne Spalten geschnitten und mit dem Zitronensaft bestrichen. Dann vermischt man Zucker, Puddingpulver und Mandelblättchen miteinander und vermengt alles mit den Birnen.
Danach lässt man 18 Grillbriketts durchglühen, richtet mit 6 Stück kreisförmig eine Feuerstelle ein und stellt einen 14"- Dutch Oven darauf.
Nachdem die Pieform aus dem Kühlschrank geholt wurde sticht man den Boden mehrmals mit einer Gabel ein, bestäubt ihn mit etwas Mehl und verteilt die Birnenspalten darauf. Anschließend wird das kleinere Teigstück dünn ausgerollt, daraus mit Hilfe eines Teigrads 9 ca. 2cm breite Streifen geschnitten und diese als Gitter auf die Birnenfüllung gelegt. Dann klappt man den Teigrand nach innen über, bepinselt den Gitterdeckel mit dem Ei und stellt den Pie in den vorgeheizten Dutch Oven.
Der Topf wird dann mit dem Deckel verschlossen, die restlichen 12 Briketts unregelmäßig darauf verteilt und der Pie ca. 45 - 50 Minuten gebacken.
Während der Backzeit muss der Deckel mit den Briketts mindestens zweimal um 90 Grad gedreht werden, damit er gleichmäßig Hitze bekommt.
Der Pear-Pie ist fertig gebacken, wenn er eine crosse, goldgelbe Farbe angenommen hat und sollte dann möglichst warm verzehrt werden.

APPEL - PIE

Zutaten:

- 1 Grundteig süß
- 7 mittelgroße Äpfel (Pink Lady)
- 100 g Brauner Zucker
- 50 g Rosinen
- 3 EL Milch
- 2 EL Puddingpulver Vanille
- 2 EL Zucker
- 1 TL Orangenschale, gerieben
- 1 TL Zimt, gemahlen
- 1 Eiweiß, verquirlt

Herstellung

Einen Pie-Grundteig für süße Füllungen wie auf S. 122 beschrieben herstellen, in eine eingefettete Springform mit 28cm Ø legen, etwas andrücken und die Form mit dem Teig nochmals für ca. 30 Minuten in den Kühlschrank stellen.
In dieser Zeit die Äpfel schälen, vierteln, vom Gehäuse befreien und in ½ cm dünne Spalten schneiden.
Die Spalten dann in eine Schüssel geben und gut mit dem Zucker, den Rosinen, dem Puddingpulver, der Orangenschale sowie dem Zimt vermischen.
Danach lässt man 18 Grillbriketts durchglühen, richtet mit 6 Stück kreisförmig eine Feuerstelle ein und stellt einen 14"- Dutch Oven darauf.
Nachdem die Springform aus dem Kühlschrank geholt wurde sticht man den Boden zum späteren Dampfentweichen mehrmals mit einer Gabel ein, bepinselt ihn mit dem verquirlten Eiweiß und verteilt die Apfelfüllung darauf.
Anschließend rollt man aus dem restlichen Teig einen Deckel mit ca. 30cm Ø, stanzt mit Hilfe einer Ausstechform ein Herz oder anderes Motiv aus der Mitte heraus, legt ihn auf die Springform und packt das ausgestanzte Teigherz als Dekoration darauf.
Dann wird der überstehende Teigrand nach innen umgeklappt, der Deckel mit der Milch bepinselt und etwas weißer Zucker darüber gestreut.
Danach stellt man den Appel-Pie in den vorgeheizten Dutch Oven, verschließt den Topf mit dem Deckel, verteilt unregelmäßig die restlichen 12 Grillbriketts darauf und backt den Pie ca. 45 - 50 Minuten.
Während der Backzeit muss der Deckel mit den Briketts mindestens zweimal um 90 Grad gedreht werden, damit er gleichmäßig Hitze bekommt.
Der Appel-Pie ist fertig gebacken, wenn er eine crosse, goldgelbe Farbe angenommen hat und sollte dann möglichst warm verzehrt werden.

GOOSEBERRY - APPEL - PIE

Zutaten:

- 1 Grundteig mit Saurer Sahne
- 3 mittelgroße Äpfel (Pink Lady)
- 1 Glas Stachelbeeren
- 200 g Creme fraiche
- 80 g Zucker
- 3 EL Puddingpulver Vanille
- 1 Eiweiß, verquirlt
- 1 Eigelb, verquirlt

Herstellung

Einen Pie-Grundteig mit Saurer Sahne wie auf S. 121 beschrieben herstellen, in eine eingefettete Springform mit 28cm Ø legen, etwas andrücken und die Form mit dem Teig nochmals für ca. 30 Minuten in den Kühlschrank stellen. In dieser Zeit die Äpfel schälen, vierteln, vom Gehäuse befreien und in dünne Spalten schneiden. Dann lässt man 18 Grillbriketts durchglühen, richtet mit 6 Stück kreisförmig eine Feuerstelle ein und stellt einen 14“- Dutch Oven darauf. Nachdem die Form aus dem Kühlschrank geholt wurde sticht man den Boden mehrmals mit einer Gabel ein, bepinselt ihn mit dem Eiweiß und verteilt die Apfelspalten und abgetropften Stachelbeeren darauf. Danach wird die Creme fraiche mit dem Zucker und Puddingpulver verrührt und über die Obstfüllung gegeben. Anschließend rollt man aus dem kleineren Teigstück dünn den Deckel aus, schneidet wellenförmige Muster hinein und legt ihn auf den Pie. Dann wird der Rand leicht festgedrückt, der Deckel mit dem Eigelb bepinselt und die Pieform in den vorgeheizten Dutch Oven gestellt. Anschließend verschließt man den Topf mit dem Deckel, verteilt unregelmäßig die restlichen 12 Grillbriketts darauf und backt den Pie ca. 45 - 50 Minuten.
Während der Backzeit muss der Deckel mit den Briketts mindestens zweimal um 90 Grad gedreht werden, damit er gleichmäßig Hitze bekommt.
Der Gooseberry-Appel-Pie ist fertig gebacken, wenn er eine goldgelbe Farbe angenommen hat und wird vor dem Verzehr mit etwas Puderzucker bestäubt.

CHERRY - PIE

Zutaten:

- 1 Grundteig mit Saurer Sahne
- 2 Gläser Schattenmorellen
- 100 g Zucker
- 2 EL Speisestärke
- 2 EL Milch
- 1 EL Zitronensaft
- 1 EL Zitronenschale, gerieben
- 1 Ei, getrennt

Herstellung

Einen Pie-Grundteig mit Saurer Sahne wie auf S. 121 beschrieben herstellen, in eine eingefettete Pieform mit 28cm Ø legen, etwas andrücken und die Form mit dem Teig nochmals für ca. 30 Minuten in den Kühlschrank stellen. In dieser Zeit die abgetropften Kirschen in eine Schüssel geben, mit dem Zitronensaft beträufeln und dann gut mit dem Zucker, der Speisestärke und der Zitronenschale vermischen. Dann lässt man 18 Grillbriketts durchglühen, richtet mit 6 Stück kreisförmig eine Feuerstelle ein und stellt einen 14“- Dutch Oven darauf. Nachdem die Pieform aus dem Kühlschrank geholt wurde sticht man den Boden mehrmals mit einer Gabel ein, bepinselt ihn mit dem Eiweiß und verteilt die Kirschfüllung darauf. Danach rollt man aus dem restlichen Teig einen Deckel mit ca. 30cm Ø, stanzt mit Hilfe einer Ausstechform mehrere Sterne oder andere Motive heraus, legt ihn auf die Pieform und drückt den Rand leicht fest. Anschließend wird das Eigelb mit der Milch verquirlt, der Deckel damit eingepinselt und der Chery-Pie in den vorgeheizten Dutch Oven gestellt. Dann verschließt man ihn mit dem Deckel, verteilt unregelmäßig die restlichen 12 Grillbriketts darauf und backt den Pie ca. 45 - 50 Minuten.
Während der Backzeit muss der Deckel mit den Briketts mindestens zweimal um 90 Grad gedreht werden, damit er gleichmäßig Hitze bekommt.
Der Cherry-Pie ist fertig gebacken, wenn er eine crosse, goldgelbe Farbe angenommen hat und sollte dann möglichst warm verzehrt werden.

PEACH - PIE

Zutaten:

- 1 Grundteig mit Saurer Sahne
- 800 g Pfirsichspalten (Dose)
- 3 EL Brauner Zucker
- 2 EL Semmelbrösel
- 3 EL flüssige Butter
- 1 Prise Muskat
- etwas Mehl

Herstellung

Einen Pie-Grundteig mit Saurer Sahne wie auf S. 121 beschrieben herstellen, in eine eingefettete Pieform mit 28cm Ø legen, etwas andrücken und die Form mit dem Teig nochmals für ca. 30 Minuten in den Kühlschrank stellen.
In dieser Zeit die abgetropften Pfirsichspalten in einer Schüssel mit dem Braunen Zucker, den Semmelbröseln und einer Prise Muskat vermischen.
Dann lässt man 18 Grillbriketts durchglühen, richtet mit 6 Stück kreisförmig eine Feuerstelle ein und stellt einen 14“- Dutch Oven darauf.
Nachdem die Pieform aus dem Kühlschrank geholt wurde sticht man den Boden mehrmals mit einer Gabel ein, bestäubt ihn mit etwas Mehl und verteilt die Pfirsichfüllung darauf. Danach rollt man aus dem restlichen Teig einen Deckel mit ca. 30cm Ø, legt ihn auf die Pieform, drückt den Rand leicht fest und sticht mit einem Holzstäbchen mehrere Löcher hinein.
Anschließend wird der Peach-Pie in den vorgeheizten Dutch Oven gestellt, der Topf dann mit dem Deckel verschlossen, die restlichen 12 Briketts unregelmäßig darauf verteilt und der Pie 35 Minuten gebacken. Dann bepinselt man ihn mit der flüssigen Butter und lässt ihn noch ca. 15 Minuten weiterbacken.
Während der Backzeit muss der Deckel mit den Briketts mindestens zweimal um 90 Grad gedreht werden, damit der Pie gleichmäßig Hitze bekommt.
Er ist fertig gebacken, wenn er eine crosse, goldgelbe Farbe angenommen hat und sollte dann möglichst warm verzehrt werden.

RED CURRANT - PIE

Zutaten:

- 1 Grundteig süß
- 700 g rote Johannisbeeren, tiefgekühlt
- 2 EL Weizenmehl (Typ 405)
- 80 g Zucker
- 1 EL Zitronensaft
- 1 Ei, getrennt

Herstellung

Einen Pie-Grundteig für süße Füllungen wie auf S. 122 beschrieben herstellen, in eine eingefettete Pieform mit 28cm Ø legen, etwas andrücken und die Form mit dem Teig nochmals für ca. 30 Minuten in den Kühlschrank stellen.
In dieser Zeit lässt man 18 Grillbriketts durchglühen, richtet mit 6 Stück kreisförmig eine Feuerstelle ein und stellt einen 14"- Dutch Oven darauf.
Nachdem die Pieform aus dem Kühlschrank geholt wurde sticht man den Boden mehrmals mit einer Gabel ein, bepinselt ihn mit dem verquirlten Eiweiß und verteilt die zuvor gut mit dem Zucker, Mehl und Zitronensaft vermischten Johannisbeeren darauf. Anschließend wird das kleinere Teigstück dünn ausgerollt, daraus mit Hilfe eines Teigrads 10 ca. 2cm breite Streifen geschnitten und diese als Gitter auf die Johannisbeerfüllung gelegt.
Dann klappt man den Teigrand nach innen über, bepinselt den Gitterdeckel mit dem verquirlten Eigelb und stellt den Pie in den vorgeheizten Dutch Oven.
Der Topf wird danach mit dem Deckel verschlossen, die restlichen 12 Briketts unregelmäßig darauf verteilt und der Red Currant-Pie ca. 45 - 50 Minuten gebacken.
Während der Backzeit muss der Deckel mit den Briketts mindestens zweimal um 90 Grad gedreht werden, damit er gleichmäßig Hitze bekommt.
Der Pie ist fertig gebacken, wenn er eine crosse, goldgelbe Farbe angenommen hat und sollte dann möglichst warm verzehrt werden.

CHICKEN - PIE

Zutaten:

▪	1		Grundteig deftig	▪	3	EL	Butter
▪	1,2	kg	Hähnchenbrustfilet	▪	½	TL	schwarzer Pfeffer
▪	200	g	Möhren, in Scheiben	▪	1		Zwiebel, gewürfelt
▪	200	g	Porree, in Ringen	▪	1		Eigelb, verquirlt
▪	600	ml	warmer Hühnerfond	▪			Sonnenblumenöl
▪	3	EL	Weizenmehl	▪			Salz nach Geschmack

Herstellung

Einen Pie-Grundteig für deftige Füllungen wie auf S.122 beschrieben herstellen und in eine eingefettete Springform mit 28cm Ø legen. Den Teig dann etwas andrücken und die Form in den Kühlschrank stellen.
In dieser Zeit mit 6 durchgeglühten Briketts kreisförmig eine Feuerstelle einrichten, einen 10“- Dutch Oven darauf stellen, die Butter darin erhitzen und mit dem Mehl verrühren. Dann nach und nach unter ständigem Rühren den Hühnerfond zugeben, alles kurz aufkochen lassen und mit Salz abschmecken. Danach die Möhren und den Porree zufügen und den Topf von der Feuerstelle nehmen.
Anschließend legt man den Deckel eines 14“- Dutch Ovens umgedreht als Pfanne auf die Feuerstelle, gibt etwas Sonnenblumenöl hinein und dünstet die Zwiebel glasig darin an. Danach wird das in dünne Streifen geschnittene Hähnchenbrustfilet kurz mit angebraten und beides in den Hühnerfond gegeben.
Danach lässt man 18 Grillbriketts durchglühen, richtet mit 6 Stück kreisförmig eine Feuerstelle ein und stellt einen 14“- Dutch Oven darauf.
Nachdem der Hühnerfond mit dem Fleisch abgekühlt ist wird der Pieteig aus dem Kühlschrank geholt, der Boden mehrmals mit einer Gabel eingestochen und die Hähnchen-Gemüse-Füllung darauf verteilt
Dann rollt man aus dem restlichen Teig einen Deckel mit ca. 30cm Ø, legt ihn auf die Pieform, drückt den Rand leicht fest, bepinselt ihn mit dem Eigelb und sticht mit einem Holzstäbchen mehrere Löcher hinein.
Anschließend wird der Chicken - Pie in den vorgeheizten Dutch Oven gestellt, der Topf mit dem Deckel verschlossen, die restlichen 12 Briketts unregelmäßig darauf verteilt und der Pie ca. 45 - 50 Minuten gebacken.
Während der Backzeit muss der Deckel mit den Briketts mindestens zweimal um 90 Grad gedreht werden, damit der Pie gleichmäßig Hitze bekommt.
Er ist fertig gebacken, wenn er eine crosse, goldgelbe Farbe angenommen hat und sollte dann möglichst warm verzehrt werden.

VEAL - PIE

Zutaten:

1		Grundteig deftig	2		Thymianzweige
600	g	Kalbsschulter	1		Zwiebel, gewürfelt
400	g	Kalbsnieren	1		Eigelb
450	ml	Kalbsfond			etwas Speisestärke
150	ml	roter Portwein			Sonnenblumenöl
2	EL	Schlagsahne			Salz und Pfeffer

Herstellung

Einen Pie-Grundteig für deftige Füllungen wie auf S.122 beschrieben herstellen und in eine eingefettete Springform mit 28cm Ø legen. Den Teig dann etwas andrücken und die Form in den Kühlschrank stellen. In dieser Zeit mit 6 durchgeglühten Briketts kreisförmig eine Feuerstelle einrichten, einen 10“- Dutch Oven darauf stellen, den Kalbsfond, Portwein und die Thymianzweige hinein geben und kurz aufkochen. Dann wird alles mit etwas in kaltem Wasser verrührter Speisestärke gebunden und von der Feuerstelle genommen. Anschließend legt man den Deckel eines 14“- Dutch Ovens umgedreht als Pfanne auf die Feuerstelle, erhitzt etwas Sonnenblumenöl darin und brät die in dünne Streifen geschnittene Kalbsschulter sowie die Zwiebel unter Beigabe von etwas Salz und Pfeffer kurz an. Dann gibt man beides zum Kalbsfond, erhitzt erneut Sonnenblumenöl in der Pfanne und brät die sorgfältig geputzten, in kleine Stücke geschnittenen Nieren mit etwas Salz und Pfeffer rundherum an. Nachdem sie auch zum Kalbsfond gegeben wurden verrührt man alles gut, lässt 18 Grillbriketts durchglühen, richtet mit 6 Stück kreisförmig eine Feuerstelle ein und stellt einen 14“- Dutch Oven darauf. Wenn der Kalbsfond mit dem Fleisch abgekühlt ist wird der Pieteig aus dem Kühlschrank geholt, der Boden mehrmals mit einer Gabel eingestochen und die Kalbsfleisch-Nieren-Füllung darauf verteilt.
Dann rollt man aus dem restlichen Teig einen Deckel mit ca. 30cm Ø, legt ihn auf die Pieform, drückt den Rand leicht fest, verquirlt die Schlagsahne mit dem Eigelb und bepinselt den Deckel damit. Danach sticht man mehrere Löcher hinein, stellt den Veal-Pie in den vorgeheizten Dutch Oven, verschließt ihn mit dem Deckel und verteilt die restlichen 12 Briketts unregelmäßig darauf.
Während der anschließenden Backzeit von ca. 45 - 50 Minuten muss der Deckel mit den Briketts mindestens zweimal um 90 Grad gedreht werden.
Der Pie ist fertig gebacken, wenn er eine crosse, goldgelbe Farbe angenommen hat und sollte dann möglichst warm verzehrt werden.

HACKFLEISCH - BLÄTTERTEIG - PIE

Zutaten:

- 10 Blätterteigscheiben (Kühlregal)
- 1,0 kg Hackfleisch vom Schwein
- 200 g Möhren, klein gewürfelt
- 100 g frische Champignons
- 3 Lauchzwiebeln
- 4 EL Tomatenmark
- ½ grüne Paprikaschote
- 1 Eigelb verquirlt
- Sonnenblumenöl
- Salz und Pfeffer

Herstellung

Mit 6 durchgeglühten Briketts kreisförmig eine Feuerstelle einrichten, den Deckel eines 14“- Dutch Ovens umgedreht als Pfanne darauf legen, etwas Sonnenblumenöl darin erhitzen und das Hackfleisch unter Rühren anbraten. Dabei mit Salz und Pfeffer würzen.
Danach die geputzten und in Scheiben geschnittenen Champignons und Lauchzwiebeln, die Möhrenwürfel sowie die in dünne Streifen geschnittene Paprika zugeben und kurz mit anschmoren.
In der Zwischenzeit die angetauten Blätterteigscheiben etwas ausrollen und mit 4 Stück eine eingefettete Springform so auslegen, dass die Ränder leicht nach außen überhängen.
Den Blätterteig dann mit Tomatenmark bestreichen, die Hackfleischfüllung darauf verteilen und 4 weitere Blätterteigscheiben als Deckel auf die Springform legen. Aus den restlichen beiden Scheiben Blätterteig schneidet man mit Hilfe eines Teigrads 10 Streifen, legt sie als Gitterverzierung auf den Deckel, drückt den Deckelrand leicht zusammen und bepinselt alles mit dem verquirlten Ei.
Dann lässt man 18 Grillbriketts durchglühen, richtet mit 6 Stück kreisförmig eine Feuerstelle ein und stellt einen 14“- Dutch Oven darauf.
Nach ca. 10 Minuten wird der Hackfleisch-Blätterteig-Pie in den Dutch Oven gestellt, der Topf mit dem Deckel verschlossen und die restlichen 12 Briketts unregelmäßig darauf verteilt.
Die anschließende Backzeit beträgt ca. 45 - 50 Minuten.
Während dieser Zeit muss der Deckel mit den Briketts mindestens zweimal um 90 Grad gedreht werden, damit der Pie gleichmäßig Hitze bekommt.
Er ist fertig gebacken, wenn der Blätterteig eine schöne goldgelbe Farbe angenommen hat und sollte dann heiß verzehrt werden.

RATATOUILLE - PIE

Zutaten:

▪ 1	Grundteig deftig	▪ 220	g	Mozzarella, gerieben
▪ 2	reife Tomaten	▪ 2	EL	frische Petersilie
▪ 1	rote Paprikaschote	▪ 1	TL	frischer Thymian
▪ 1	Knoblauchzehe	▪ 1		Eigelb, verquirlt
▪ ½	kleiner Hokkaido-Kürbis	▪		Sonnenblumenöl
▪ ½	kleine Zucchini	▪		Salz nach Geschmack
▪ ½	kleine Aubergine	▪		Pfeffer nach Geschmack

Herstellung

Einen Pie-Grundteig für deftige Füllungen wie auf S.122 beschrieben herstellen und in eine eingefettete Springform mit 28cm Ø legen. Den Teig dann etwas andrücken und die Form in den Kühlschrank stellen.
In dieser Zeit mit 6 durchgeglühten Briketts kreisförmig eine Feuerstelle einrichten, den Deckel eines 14“- Dutch Ovens umgedreht als Pfanne darauf legen und etwas Sonnenblumenöl darin erhitzen. Die vom Gehäuse befreite Paprikaschote in dünne Streifen, die Zucchini und Aubergine in dünne Scheiben und den Hokkaido-Kürbis in Stücke schneiden. Danach alles kurz anschmoren, dabei mit Salz und Pfeffer würzen und von der Feuerstelle nehmen.
Dann lässt man 18 Grillbriketts durchglühen, richtet mit 6 Stück kreisförmig eine Feuerstelle ein und stellt einen 14“- Dutch Oven darauf. Anschließend wird der Pieteig aus dem Kühlschrank geholt, der Boden mehrmals mit einer Gabel eingestochen und das angeschmorte Gemüse darauf verteilt.
Auf das Gemüse gibt man die in Scheiben geschnittenen Tomaten und den gehackten Knoblauch, streut die gehackte Petersilie und den Thymian darüber und verteilt den Mozzarella darauf.
Dann rollt man aus dem restlichen Teig einen Deckel mit ca. 30cm Ø, legt ihn auf die Pieform, drückt den Rand leicht fest, bepinselt ihn mit dem Eigelb und sticht mit einem Holzstäbchen mehrere Löcher hinein.
Anschließend wird der Ratatouille-Pie in den vorgeheizten Dutch Oven gestellt, der Topf mit dem Deckel verschlossen, die restlichen 12 Briketts unregelmäßig darauf verteilt und der Pie ca. 45 - 50 Minuten gebacken.
Während der Backzeit muss der Deckel mit den Briketts mindestens zweimal um 90 Grad gedreht werden, damit der Pie gleichmäßig Hitze bekommt.
Er ist fertig gebacken, wenn er eine crosse, goldgelbe Farbe angenommen hat und sollte dann möglichst warm verzehrt werden.

CHICKEN - CURRY - PIE

Zutaten:

▪ 1		Grundteig deftig	▪ 2	EL	gelbe Currypaste
▪ 900	g	Hähnchenbrustfilet	▪ 1		Zwiebel, gewürfelt
▪ 200	g	Erbsen, tiefgekühlt	▪ 1		Stück Ingwer (3cm)
▪ 200	g	Stangensellerie	▪ 1		Eigelb, verquirlt
▪ 150	g	Naturjoghurt	▪		Sonnenblumenöl
▪ 200	ml	Geflügelfond	▪		Salz nach Geschmack
▪ 150	ml	Schlagsahne	▪		Pfeffer nach Geschmack

Herstellung

Einen Pie-Grundteig für deftige Füllungen wie auf S.122 beschrieben herstellen und in eine eingefettete Springform mit 28cm Ø legen. Den Teig dann etwas andrücken und die Form in den Kühlschrank stellen. In dieser Zeit mit 6 durchgeglühten Grillbriketts kreisförmig eine Feuerstelle einrichten, einen 10“-Dutch Oven darauf stellen und etwas Sonnenblumenöl darin erhitzen. Dann das in dünne Streifen geschnittene Hähnchenbrustfilet anbraten und dabei mit Pfeffer und Salz würzen.
Danach die Erbsen, Zwiebelwürfel, den in dünne Stücke geschnittenen Ingwer und Sellerie mit anschmoren und den Geflügelfond, die Schlagsahne sowie den Naturjoghurt zugeben. Dann wird alles gut miteinander verrührt, nach dem Aufkochen die Currypaste eingerührt und der Topf von der Feuerstelle genommen.
Danach lässt man 18 Grillbriketts durchglühen, richtet mit 6 Stück kreisförmig eine Feuerstelle ein und stellt einen 14“- Dutch Oven darauf.
Nachdem die Chicken-Curry-Füllung abgekühlt ist wird der Pieteig aus dem Kühlschrank geholt, der Boden mehrmals mit einer Gabel eingestochen und die Füllung darauf verteilt. Dann rollt man aus dem restlichen Teig einen Deckel mit ca. 30cm Ø, legt ihn auf die Pieform, drückt den Rand leicht fest, bepinselt ihn mit dem Eigelb und sticht mit einem Holzstäbchen mehrere Löcher hinein.
Anschließend wird der Chicken-Curry-Pie in den vorgeheizten Dutch Oven gestellt, der Topf mit dem Deckel verschlossen, die restlichen 12 Grillbriketts unregelmäßig darauf verteilt und der Pie ca. 45 - 50 Minuten gebacken.
Während der Backzeit muss der Deckel mit den Briketts mindestens zweimal um 90 Grad gedreht werden, damit der Pie gleichmäßig Hitze bekommt.
Er ist fertig gebacken, wenn er eine crosse, goldgelbe Farbe angenommen hat und sollte dann möglichst warm verzehrt werden.

BEEF - PEPPER - PIE

Zutaten:

▪ 1		Grundteig deftig	▪ 3	EL	Butter
▪ 1,2	kg	Rindersteakhüfte	▪ ½	TL	Cayennepfeffer
▪ 200	g	Stangensellerie, in Stücken	▪ 1		Zwiebel, gewürfelt
▪ 600	ml	warmer Rinderfond	▪ 1		Eigelb, verquirlt
▪ 3	EL	Weizenmehl	▪		Sonnenblumenöl
▪ ½	EL	schwarze Pfefferkörner	▪		Salz nach Geschmack

Herstellung

Einen Pie-Grundteig für deftige Füllungen wie auf S.122 beschrieben herstellen und in eine eingefettete Springform mit 28cm Ø legen.
Den Teig dann etwas andrücken und die Form in den Kühlschrank stellen.
In dieser Zeit mit 6 durchgeglühten Briketts kreisförmig eine Feuerstelle einrichten, einen 10“- Dutch Oven darauf stellen, die Butter darin erhitzen und mit dem Mehl verrühren. Dann nach und nach unter ständigem Rühren den Rinderfond und die Pfefferkörner zugeben, alles kurz aufkochen lassen und mit Salz und Cayennepfeffer abschmecken. Danach den Sellerie zufügen und den Topf von der Feuerstelle nehmen. Anschließend den Deckel eines 14“- Dutch Ovens umgedreht als Pfanne auf die Feuerstelle legen, etwas Sonnenblumenöl hinein geben und die Zwiebel glasig darin andünsten. Dann wird die in dünne Streifen geschnittene Rindersteakhüfte kurz mit angebraten und beides in den Rinderfond gegeben. Danach lässt man 18 Grillbriketts durchglühen, richtet mit 6 Stück kreisförmig eine Feuerstelle ein und stellt einen 14“- Dutch Oven darauf.
Nachdem die Beef-Füllung abgekühlt ist wird der Pieteig aus dem Kühlschrank geholt, der Boden mehrmals mit einer Gabel eingestochen und die Füllung darauf verteilt. Dann rollt man aus dem restlichen Teig einen Deckel mit ca. 30cm Ø, legt erst die eine Hälfte auf die Pieform und dann die zweite so darüber, dass sie die andere überlappt und drückt den Rand leicht fest. Danach schneidet man aus der Mitte ein Loch heraus und bepinselt den Deckel mit dem Eigelb.
Anschließend wird der Beef-Pepper-Pie in den vorgeheizten Dutch Oven gestellt, der Topf mit dem Deckel verschlossen, die restlichen 12 Grillbriketts unregelmäßig darauf verteilt und der Pie ca. 45 - 50 Minuten gebacken.
Während der Backzeit muss der Deckel mit den Briketts mindestens zweimal um 90 Grad gedreht werden, damit der Pie gleichmäßig Hitze bekommt.
Er ist fertig gebacken, wenn er eine crosse, goldgelbe Farbe angenommen hat und sollte dann möglichst warm verzehrt werden.

SACHWORTREGISTER

SACHWORTREGISTER

BILDNACHWEIS

- **Fotos von K.v.Roschinsky:**
  Coverfotos Vorder- und Rückseite
  Seite: 4, 13, 21, 23 unten, 25, 28 unten, 38, 55, 61 Mitte rechts, 61 unten, 65, 69, 77, 84, 85, 92, 93, 94, 100, 103, 107, 115, 119, 127

- **Fotos von „Grillstar.de GmbH" - Berliner Str. 504, 33334 Gütersloh**
  Seite: 1, 5, 19, 28 oben, 29, 30, 31 unten, 32, 33, 34, 35

- **Fotos von „Bigstockphoto" - www.bigstockphoto.com**
  Seite: 3, 14, 15, 17, 22, 23 oben und Mitte, 24, 31 oben, 36, 37, 39, 40, 41, 42, 43, 44, 45, 46, 47, 50, 53, 56, 57, 58, 59, 61 oben, 61 Mitte links, 83, 86, 89, 90, 91, 95, 96, 97, 99, 101, 109, 110, 113, 119, 120, 121, 123, 124, 125, 128, 129, 130, 131, 135, 139

NÜTZLICHE ADRESSEN	
Fleischereibedarf, Messer, Gewürze und Marinaden	**www.hausschlachtebedarf.de**
Dutch Oven und Zubehör	**www.grillstar.de**
Petromax Dutch Oven und Zubehör	**www.pelam.de**
Fleischereibedarf	**www.spies-irxleben.de**
Bücher und Rezepte der Autorin	**www.wurstrezepte.org**

P. Triegel (Fleischermeister)
MEINE EIGENE BRATWURST
Grillen - Wursten - Genießen
Mit 72 Rezepten und 105 Farbfotos ...

P.Triegel (Fleischermeister)

Die Räucherfibel XXL

Schwein - Rind - Wild - Geflügel

Mit 76 Rezepten und 162 Farbfotos…

Vom Fleischermeister Schritt für Schritt erklärt

www.wurstrezepte.org

www.wurstrezepte.org

www.wurstrezepte.org